D1102394

WITHDRAWN
FROM THE LIBRARY OF
UNIVERSITY OF ULSTER

100588216

总 策 划　许　琳
总 监 制　马箭飞　戚德祥
监　　制　孙文正　张彤辉　王锦红　王　飙

主　　编　刘　珣
编　　者　张　凯　刘社会　陈　曦　左珊丹
　　　　　施家炜　刘　珣

出 版 人　戚德祥
项目组长　王　飙
中文编辑　王亚莉
英语编辑　侯晓娟
英语审订　余心乐
美术设计　张　静　申真真

国家汉办/孔子学院总部
Hanban (Confucius Institute Headquarters)

New Practical Chinese Reader

主　编　刘　珣

编　者　张　凯　刘社会　陈　曦
　　　　左珊丹　施家炜　刘　珣

For Beginners

课　本

Textbook

北京语言大学出版社
BEIJING LANGUAGE AND CULTURE
UNIVERSITY PRESS

图书在版编目（CIP）数据

新实用汉语课本：英语版/刘珣主编；张凯等编.
-北京：北京语言大学出版社，2011 重印
ISBN 978-7-5619-2431-0
I.新… II.①刘… ②张… III.汉语－对外汉语教学－教材
IV.H195.4

中国版本图书馆CIP数据核字（2009）第166416号

书　　名：新实用汉语课本：英语版.课本
中文编辑：王亚莉
英语编辑：侯晓娟
美术设计：张　静　申真真
责任印制：汪学发

出版发行：北京语言大学出版社
社　　址：北京市海淀区学院路15号　邮政编码:100083
网　　址：www.blcup.com
电　　话：国内发行部 8610-82303650/3591/3651
海外发行部 8610-82300309/3080/3365
编辑部 8610-82303647
读者服务部 8610-82303653/3908
网上订购电话 8610-82303668
客户服务信箱 service@blcup.net
印　　刷：北京画中画印刷有限公司
经　　销：全国新华书店

版　　次：2009年9月第1版　2011年4月第1次印刷
开　　本：889毫米×1194毫米　1/16　印张：16.25　插表1　彩插1
字　　数：330千字
书　　号：ISBN 978-7-5619-2431-0/ H.09154
05800

前 言

《新实用汉语课本》（英语版）是我们专为母语为英语的汉语学习者编写的初级汉语教材。

《新实用汉语课本》（英语版）的编写目的是通过语言结构、语言功能与相关文化知识的学习和听说读写技能训练，逐步培养学习者运用汉语进行交际的能力。《新实用汉语课本》（英语版）分为课本和教师用书，并分别配有录音CD，既适合学习者自学也可用于课堂教学。

本教材共14课，围绕几个外国学生在中国的生活及他们与中国朋友和教师的友情而展开一些风趣的故事，并结合日常生活，介绍与汉语表达和理解有关的习俗文化。本书前6课在集中学习语音的同时，通过掌握简易的口语会话让学习者先接触多种基本句式；后8课则是语言结构教学的循环，逐个介绍并练习主要句型，使学习者在较短时间内就能初步掌握汉语基本句型。针对母语为英语的初级汉语学习者的实际情况，《新实用汉语课本》（英语版）有如下特点：

1. 书中人名、内容和插图等都针对母语为英语的学习者的特点编写、制作；
2. 语音部分突出了与英语语音特点的对比，便于学生尽快掌握汉语语音；
3. 对汉字知识、结构练习不作要求，强调听和说，以发挥功能教学的优势；
4. 每课练习题丰富，有分项练习，也有综合练习，使学习者能够及时复习和巩固所学内容；
5. 每课提供一段有关中国的文化知识，以便学习者对汉语及中国社会有较全面的了解。

在本书的编写过程中，我们约请了汉语教学专家和以英语为母语的外籍专家参与，以保证《新实用汉语课本》（英语版）成为一本真正适合以英语为母语的汉语初学者学习的普及型汉语教材。

编者

于北京语言大学

Preface

New Practical Chinese Reader (English Version) is a beginner-level Chinese language textbook compiled for the purpose of teaching Chinese to native English speakers.

By placing the focus of study on language structure and function, cultural knowledge, as well as skills training for listening, speaking, reading and writing, *New Practical Chinese Reader (English Version)* aims to foster learners' ability to communicate in the Chinese language. *New Practical Chinese Reader (English Version)* includes a textbook and an instructor's manual (each of which has an accompanying audio CD), making it highly suitable for both self-learning instruction and classroom teaching alike.

This 14-lesson textbook tells interesting and humorous stories about foreign students living in China, their daily lives, and the bonds they develop with their Chinese friends and teachers. Customs and cultural traditions related to Chinese language expression and comprehension are also introduced. The first six lessons focus on Chinese pronunciation, while enabling learners to master simple oral conversations and gain access to a variety of basic sentence patterns. The latter eight lessons focus on language structure and introduce a series of common sentence patterns, allowing learners to attain preliminary mastery of basic Chinese sentence patterns in a relatively short time. Prepared specially for native English-speaking learners of beginner-level Chinese, *New Practical Chinese Reader (English Version)* has the following characteristics:

1. The book's contents and illustrations, as well as the names of the various characters that appear in the text, were written and prepared specially for native English speakers;

2. The section on pronunciation compares and contrasts the characteristics of Chinese pronunciation with those of English, making it easy for students to master Chinese pronunciation quickly;

3. The book does not require prior knowledge of Chinese characters or the use of structural practice exercises, but rather utilizes a functional-teaching approach that emphasizes listening and speaking;

4. Each lesson contains a variety of practice exercises, including both targeted and integrated exercises, enabling students to review and consolidate their learning in a timely manner;

5. Each lesson provides a segment on Chinese cultural knowledge, enabling learners to gain a comprehensive understanding of both the Chinese language and Chinese society.

During the preparation of *New Practical Chinese Reader (English Version)*, we enlisted the assistance of Chinese-language teaching experts and native English-speaking foreign experts to ensure that it is ideally suited for native English-speaking students of beginner-level Chinese.

The compilers
Beijing Language and Culture University

CONTENT 目录

附录 Appendices

Welcome to *New Practical Chinese Reader*!

This textbook features several imaginary characters to make your Chinese learning experience more enjoyable: international students Ding Libo, Lin Na, and Ma Dawei; Chinese teachers Mr. Yang, Ms. Chen, and Professor Zhang; Chinese students Song Hua, and Wang Xiaoyun; and Chinese reporter Lu Yuping. They, together with the help of your instructor, will act as tour guides for your adventure, guiding you and your classmates into the fascinating world of Chinese, the language with the largest number of speakers in the world today. Now let's get to know our companions for this journey.

人物介绍

Introduction to the Main Characters in the Text

丁力波
Dīng Lìbō
A Canadian student, aged 21, male. His father is Gu Bo, his mother is Ding Yun.

马大为
Mǎ Dàwéi
An American student, aged 22, male.

林娜
Lín Nà
A British student, aged 20, female.

宋华
Sòng Huá
A Chinese student, aged 19, male.

王小云
Wáng Xiǎoyún
A Chinese student, aged 20, female.

陆雨平
Lù Yǔpíng
A Chinese reporter, aged 26, male.

陈老师
Chén lǎoshī
A Chinese teacher, aged 30, female.

张教授
Zhāng jiàoshòu
A Chinese professor, aged 48, male.

杨老师
Yáng lǎoshī
A Chinese teacher, aged 32, male.

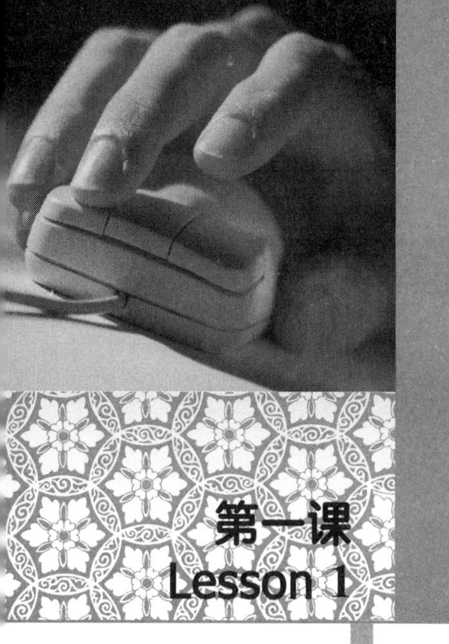

This lesson begins by introducing some sounds unique to the Chinese language, including tones. The Chinese writing system dates back more than three thousand years, and it is especially intriguing to see how Chinese characters developed since their basically pictographic origins in ancient China. By the end of the lesson, you will be able to express some everyday greetings in Chinese.

第一课 Lesson 1

Nǐ hǎo
你 好

一 课 文 Text

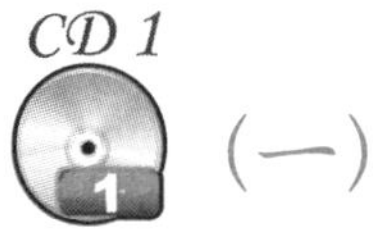

(一)

【打招呼】
Saying hello

Lù Yǔpíng: Lìbō, nǐ hǎo.①
陆雨平：力波，你 好。

Lìbō: Nǐ hǎo, Lù Yǔpíng.
力波：你 好，陆 雨平。

生词 New Words

1	nǐ	Pr	你	you
2	hǎo	A	好	good, well, fine, OK
3	Lù Yǔpíng	PN	陆雨平	(name of a Chinese reporter)
4	Lìbō	PN	力波	(name of a Canadian student)

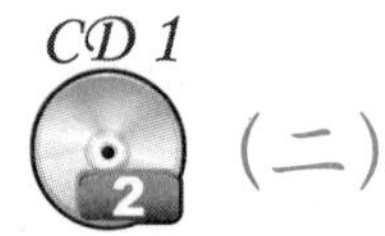

(二)

Lìbō：Lín Nà， nǐ hǎo ma?②
力波：林 娜，你 好 吗？

【问候】
Greetings

Lín Nà：Wǒ hěn hǎo， nǐ ne?③
林娜：我 很 好，你 呢？

Lìbō：Yě hěn hǎo.④
力波：也 很 好。

生词 New Words

1	ma	QPt	吗	*(an interrogative particle for question expecting a yes-no answer)*
2	wǒ	Pr	我	I, me
3	hěn	Adv	很	very
4	ne	QPt	呢	*(a modal particle used for elliptical questions)*
5	yě	Adv	也	too, also
6	Lín Nà	PN	林娜	(name of a British student)

二 注 释 Notes

① Nǐ hǎo.

"Hello!", "How do you do?"

This is the most common form of greeting in Chinese. It can be used at any time of the day when meeting people for the first time or for people you know. The response to this greeting form is also "Nǐ hǎo (你好)"

② Nǐ hǎo ma?

"How are you?"

This is also a form of greeting, often used after you have not seen someone for some time, and the response is usually "Wǒ hěn hǎo (我很好)" or other similar polite, conventional verbal exchanges.

③ Nǐ ne?

"And (how are) you?"

④ Yě hěn hǎo.

"(I am) fine (literally, very good), too."

This is an elliptical sentence, with the subject "wǒ (我)" omitted. In spoken Chinese, when the context is explicit and there is no ambiguity, the subject is often omitted. One may also say "Nǐ hǎo ma? (你好吗？)" to answer the question "Hěn hǎo (很好)"

三 语音练习 Pronunciation Drills

CD 1

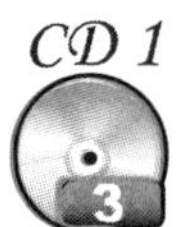

声母 Initials：	b	p	m	n	l	h
韵母 Finals：	a	o	e	i	u	ü
	ao	en	ie	in	ing	uo

1 拼音 Pinyin

bā	bō	bī	bū	bīn	bīng
pā	pō	pī	pū	pīn	pīng
mā	mō	mī	mū		
nē	nāo	niē			
lē	lāo	liē	luō		
hē	hāo		huō		

2 四声 The four tones

ā	á	ǎ	à	
nī	ní	nǐ	nì	
hāo	háo	hǎo	hào	nǐ hǎo
lī	lí	lǐ	lì	
bō	bó	bǒ	bò	Lìbō
līn	lín	lǐn	lìn	
nā	ná	nǎ	nà	Lín Nà
lū	lú	lǔ	lù	
yū	yú	yǔ	yù	
pīng	píng			Lù Yǔpíng
wō		wǒ	wò	
	hén	hěn	hèn	wǒ hěn hǎo
yē	yé	yě	yè	yě hěn hǎo

3 辨音 Sound discrimination

bā —— pā	nǚ —— nù	wǔ —— hǔ
bīng —— bīn	piě —— biě	huǒ —— wǒ

4 辨调 Tone discrimination

mǎ —— mā	mù —— mǔ	yī —— yí
yě —— yè	lì —— lǐ	mén —— mèn

5 三声变调 Third-tone sandhi

nǐ hǎo　　hěn hǎo　　yě hǎo　　yě hěn hǎo

四 会话练习 Conversation Practice

● 核心句 KEY SENTENCES

1. Nǐ hǎo. 3. Wǒ hěn hǎo, nǐ ne?
2. Nǐ hǎo ma? 4. Yě hěn hǎo.

（一）【打招呼 Saying hello】

1. 完成下列会话 Complete the following dialogue

Lín Nà: Lìbō, nǐ hǎo!
Lìbō: ________________.

2. 看图会话 Make dialogues based on the pictures

1 A: ____________________.
B: ____________________.

2 A: ____________________.
B: ____________________.

（二）【问候 Greetings】

1. 完成下列会话 Complete the following dialogue

Mǎ Lì: Nǐ hǎo ma?
Lù Yì: ______________, ______________?
Mǎ Lì: Wǒ yě hěn hǎo.

2. 情景会话 Situational dialogue

You run into a Chinese friend whom you haven't seen for a long time. What will you say to him / her?

五 语 音 Phonetics

1 声母和韵母 Initials and finals

A syllable in the common speech of modern Chinese usually consists of an initial, which is a consonant that begins the syllable, and a final, which constitutes the rest of the syllable. For example, in the syllable "píng", "p" is the initial and "ing" is the final. A syllable can stand without an initial, such as "yě", but all syllables must have a final. In the common speech of modern Chinese, there are altogether 21 initials and 38 finals.

2 发音要领 Key points of pronunciation

Initials:

m, n, l, h are pronounced similarly to their counterparts in the English language.

b like "p" in "speak" (unaspirated, voiceless)

p like "p" in "park" (aspirated, voiceless)

Note：Particular attention should be paid to the pronunciation of the aspirated and unaspirated consonants：b-p.

Finals:

e like "er" in "her"

ie like "ye" in "yes"

-ng (final) a nasalised sound like the "ng" in "bang" without pronouncing the "g"

Note：The pronunciation of the "e" in a compound final is different from that of the simple final "e".

3 声调 Tones

Chinese is a tonal language in which the tones convey differences in meaning.

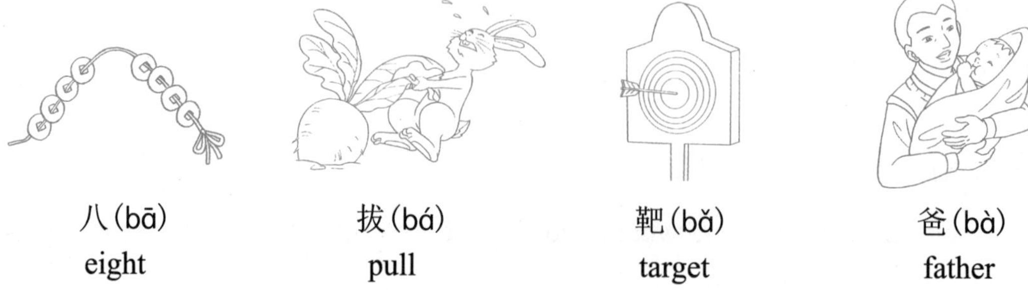

八(bā)	拔(bá)	靶(bǎ)	爸(bà)
eight	pull	target	father

In common speech there are four basic tones, represented respectively by the following tone marks:

"ˉ" for the first tone,

"ˊ" for the second tone,

"ˇ" for the third tone,

and "ˋ" for the fourth tone.

When a syllable contains only a single vowel, the tone mark is placed directly above the vowel letter as in "lù" and "hěn". The dot over the vowel "i" should be dropped if the tone mark is placed above it, as in "nǐ", "nín" and "píng". When the final of the syllable is composed of two or more vowels, the tone mark should be placed above the vowel pronounced with the mouth widest open (e.g. hǎo).

The openness of the mouth for the vowels, from the widest to the smallest is as follows:

a o e i u ü

4 三声变调 Third-tone sandhi

A third tone, when immediately followed by another third tone, should be pronounced in the second tone, but with the tone mark "ˇ" remaining unchanged. For example:

nǐ hǎo → ní hǎo

hěn hǎo → hén hǎo

5 拼写规则 Spelling rules

At the beginning of a syllable, "i" is written as "y" (e.g. iě → yě). "i" is written as "yi" when it forms a syllable all by itself (e.g. ī → yī).

At the beginning of a syllable, "u" is written as "w" (e.g. uǒ → wǒ). "u" is written as "wu" when it forms a syllable all by itself (e.g. ǔ → wǔ).

When "ü" is at the beginning of a syllable or forms a syllable by itself, a "y" is added to it and the two dots over it are omitted (e.g. ǚ → yǔ).

六 语 法 Grammar

汉语的语序 Word order in Chinese

The main characteristic of Chinese grammar is that it lacks of morphological changes in person, tense, gender, number, and case in the strict sense. The word order, however, is very important to convey different grammatical meanings. The subject of a sentence is usually placed before the predicate. For example:

Subject	Predicate
Nǐ 你	hǎo. 好。
Wǒ 我	hěn hǎo. 很 好。
Lìbō 力波	yě hěn hǎo. 也 很 好。

七 综合练习 Comprehensive Practice

1 听录音，圈出正确的语音。

Circle the right sound according to what you hear on the CD.

1	p	b	l	h	6	i	ie	in	ing
2	m	n	h	l	7	bo	po	huo	luo
3	b	n	p	m	8	la	le	li	lü
4	a	ao	o	uo	9	pa	pu	pao	po
5	e	en	ie	in	10	nie	ni	nin	ning

2 听录音，圈出正确的声调。

Circle the right tone according to what you hear on the CD.

1	ā	á	ǎ	à	6	bāo	báo	bǎo	bào
2	ī	í	ǐ	ì	7	pīn	pín	pǐn	pìn
3	ēn	én	ěn	èn	8	nī	ní	nǐ	nì
4	uō	uó	uǒ	uò	9	mō	mó	mǒ	mò
5	hū	hú	hǔ	hù	10	lǖ	lǘ	lǚ	lǜ

3 听录音，为下列音节标出正确的声调。

Mark the right tones on the following syllables according to what you hear on the CD.

1. ma
2. li
3. huo
4. nin
5. ye
6. Lin Na
7. hen hao
8. Lu Yuping
9. ni ne
10. pa laohu

4 听对话并完成练习。

Listen to the following dialogues and do the exercises.

1. Repeat the dialogues.
2. Answer the questions.

What are they doing? ______________________________

What is the man doing in the first dialogue?

____

Does Lin Na know Libo in the second dialogue?

____

What is Lao Li doing in the third dialogue?

____

5 圈出第三声的变调。

Circle the third-tone sandhis.

(1) A. Ding Libo B. ni hao C. Lin Na

(2) A. Lu Yuping B. ni ne C. hen hao

6 用"ma"或"ne"填空。

Fill in the blanks with "ma" or "ne".

(1) Nǐ hǎo_____?

(2) Wǒ hěn hǎo，nǐ_____?

(3) Lín Nà hěn hǎo_____?

(4) Lín Nà hěn hǎo，Lìbō_____?

7 用汉语拼音翻译下列句子。

Translate the following sentences into Chinese *pinyin*.

(1) How do you do!

____

(2) How are you?

____

(3) Fine, and you?

____

文化知识 Cultural Notes

The Chinese Language (*Hanyu*) and "Common Speech" (*Putonghua*)

The Chinese language (*Hanyu*), the major language of the Chinese people with a history of more than 5000 years, is one of the oldest languages in the world. In spite of its old age, Chinese is now one of the most widely used living languages. The language is spoken in many dialects within China, as well as in many overseas Chinese communities, especially in Singapore and Malaysia. And there are more than a billion native speakers of Chinese worldwide. It is one of the working languages of the United Nations.

Chinese belongs to the Sino-Tibetan language family. Among the 56 ethnic groups in China, the *Han*, *Hui*, *Manchu*, and other ethnic groups, constituting 94% of the population of China, speak Chinese.

Chinese includes variants from seven main dialect groups. The northern or Mandarin dialect covers three fourths of China's territory and includes two thirds of its population. Standard Chinese is also known by its official designation, *Putonghua*, literally "common speech". *Putonghua* is based on the northern dialect, using the dialect of Beijing as the basis for its pronunciation and modern vernacular literature for its grammatical structure.

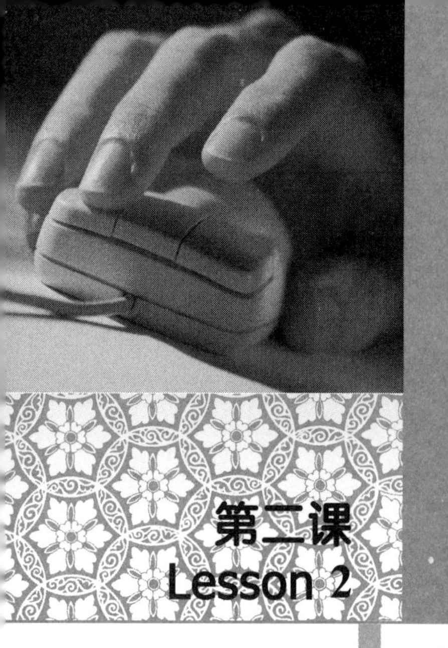

第二课 Lesson 2

By the end of this lesson, you will be able to greet others and express your needs in Chinese.

Nǐ máng ma
你 忙 吗

一 课 文 Text

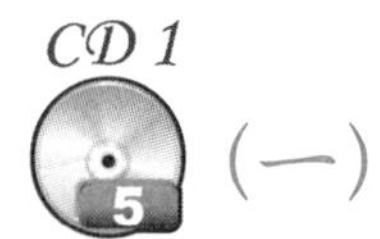

(一)

【问候别人】 Greetings

Lín Nà: Lù Yǔpíng, nǐ hǎo ma?
林娜：陆 雨平，你 好 吗？

Lù Yǔpíng: Wǒ hěn hǎo. Nǐ bàba、māma hǎo ma? [1]
陆雨平：我 很 好。你 爸爸、妈妈 好 吗？

Lín Nà: Tāmen dōu hěn hǎo. [2] Nǐ máng ma?
林娜：他们 都 很 好。你 忙 吗？

Lù Yǔpíng: Wǒ bù máng. Nǐ nán péngyou ne?
陆雨平：我 不 忙。你 男 朋友 呢？

Lín Nà: Tā hěn máng.
林娜：他 很 忙。

生词 New Words

1	máng	A	忙	busy
2	bàba	N	爸爸	dad
3	māma	N	妈妈	mum
4	tāmen	Pr	他们	they, them
	tā	Pr	他	he, him
	men	Suf	们	(used after pronouns 我，你，他，它 or certain nouns to denote plurality)
5	dōu	Adv	都	both, all
6	bù	Adv	不	not, no
7	nán	A	男	male
8	péngyou	N	朋友	friend

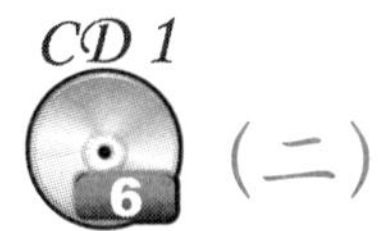

（二）

Dīng Lìbō: Gēge, nǐ yào kāfēi ma? [3]
丁力波：哥哥，你 要 咖啡 吗？

Gēge: Wǒ yào kāfēi.
哥哥：我 要 咖啡。

Dìdi: Wǒ yě yào kāfēi. [4]
弟弟：我 也 要 咖啡。

Dīng Lìbō: Hǎo, wǒmen dōu hē kāfēi. [5]
丁力波：好， 我们 都 喝 咖啡。

【问需要】
Asking what someone wants

生词 New Words

1	gēge	N	哥哥	elder brother
2	yào	V	要	to want
3	kāfēi	N	咖啡	coffee
4	dìdi	N	弟弟	younger brother
5	wǒmen	Pr	我们	we, us
6	hē	V	喝	to drink
7	Dīng	PN	丁	(a surname)

二 注 释 Notes

① Nǐ bàba、māma hǎo ma?

"How are your mum and dad?"

nǐ bàba —— your dad, nǐ māma —— your mum,

nǐ nán péngyou —— your boyfriend.

② Tāmen dōu hěn hǎo.

"They are both fine (literally, very good)."

③ Nǐ yào kāfēi ma?

"Do you want some coffee?"

"Nǐ yào……ma? (你要……吗？)" is a sentence pattern commonly used when asking what the other party wants, whereas "Wǒ yào……(我要……)" is used to express what "I" want.

④ Wǒ yě yào kāfēi.

"I want some coffee, too."

⑤ Wǒmen dōu hē kāfēi.

"We all drink coffee."

三 语音练习 Pronunciation Drills

CD 1

声母 Initials：d t g k f

韵母 Finals：ei ou an ang eng iao iou(-iu)

1 拼音 *Pinyin*

dē	dōu	dān	dāng
tē	tōu	tān	tāng
gē	gōu	gān	gāng
kē	kōu	kān	kāng
bēi	bān	bēng	biāo
pēi	pān	pēng	piāo
fēi	fān	fēng	diū
hēi	hān	hēng	niū

2 四声 The four tones

tā		tǎ	tà	
mēn	mén		mèn	tāmen
wō		wǒ	wò	wǒmen
nī	ní	nǐ	nì	nǐmen
nān	nán	nǎn	nàn	
pēng	péng	pěng	pèng	
yōu	yóu	yǒu	yòu	nán péngyou
bū	bú	bǔ	bù	
	máng	mǎng		bù máng
gē	gé	gě	gè	gēge
dī	dí	dǐ	dì	dìdi
hē	hé		hè	
kā		kǎ		
fēi	féi	fěi	fèi	hē kāfēi

3 辨音 Sound discrimination

dà —— tà	kě —— gě	kǒu —— gǒu
dōu —— duō	gēn —— gēng	dīng —— tīng

4 辨调 Tone discrimination

dāo —— dào	tǔ —— tù	yòu —— yǒu
ní —— nǐ	liù —— liǔ	kàn —— kǎn

5 轻声 Neutral tone

bàba	māma	gēge	dìdi
nǐmen	wǒmen	tāmen	
Hǎo ma?	Nǐ ne?	Nǐ nán péngyou ne?	

6 双音节连读 Practice on disyllabic words

yǐnliào (drinks)	yéye (grandpa)
kělè (coke)	mèimei (younger sister)
hànbǎo (hamburger)	fāyīn (pronunciation)
píngguǒ (apple)	hēibǎn (blackboard)

四 会话练习 Conversation Practice

● 核心句 KEY SENTENCES

1. Tāmen dōu hěn hǎo.
2. Nǐ máng ma?
3. Wǒ bù máng.
4. Nǐ yào kāfēi ma?
5. Wǒ yào kāfēi.
6. Wǒmen dōu hē kāfēi.

（一）【问候别人 Greetings】

完成下列会话 Complete the following dialogues

1 A：Dà Lín， nǐ máng ma？

B：____________________. Nǐ ne？

A：____________________.

2 A：Nǐ bàba、māma hǎo ma？

B：____________________. Nǐ gēge ne？

A：____________________.

3 A：Nǐ dìdi hǎo ma？

B：____________________. Nǐ____________________ne？

A：____________________.

（二）【问需要 Asking what someone wants】

1. 完成下列会话 Complete the following dialogues

1 A：Nín yào kāfēi ma？

B：Wǒ yào kāfēi.

A：Nǐ ne？

C：________________.

2 A：Nǐ yào __________ma？

B：____________________.

A：Nǐ ne？

C：____________________.

2. 看图会话 Make dialogues based on the pictures

1 A：____________________？

B：____________________.

2 A：____________________？

B：____________________.

五 语音 Phonetics

1 轻声 Neutral tone

In the common speech of modern Chinese, there are a number of syllables which are unstressed and are pronounced in a "weak" tone. This is known as the neutral tone and is indicated by the absence of a tone mark. For example:

吗 ma　　呢 ne　　们 men

2 发音要领 Key points of pronunciation

Initials:

f　is pronounced similarly to its counterpart in the English language.
d　like "t" in "stay" (unaspirated)
t　like "t" in "tag" (aspirated)
g　a soft unaspirated "k" sound like "k" in "skate"
k　like "k" in "kangaroo" (aspirated)

Note: Particular attention should be paid to the pronunciation of the aspirated and unaspirated consonants: d-t, g-k.

Finals:

ei　like "ay" in "play"
ou　like "o" in "so"
an　like "an" in "can" (without stressing the "n")

3 拼写规则 Spelling rules

The compound final "iou" is written as "-iu" when it comes after an initial and the tone mark is placed on "u". For example: liù (six).

六 语法 Grammar

1. 形容词谓语句 Sentences with an adjectival predicate

Adjectives in Chinese can function directly as predicates. This kind of sentence is called a sentence with an adjectival predicate. Adjectives in this kind of sentence can be modified by adverbs such as "很", "也", and "都". The negative form of sentences with an adjectival predicate is generated by placing the negative adverb "不" before the adjective that functions as the predicate. For example: "我不忙".

Note: Adverbs such as "很", "也", and "都" must be placed before the adjective they modify.

Subject	Predicate
Nǐ 你	hǎo. 好。
Tā 他	hěn máng. 很 忙。
Wǒ 我	bù máng. 不 忙。
Tāmen 他们	dōu hěn hǎo. 都 很 好。

2. 用"吗"的是非问句 "Yes-no" question with "吗"

A declarative sentence can be changed into a "yes-no" question by adding the question particle "吗" at the end of it.

Statement		Question
Nǐ hǎo. 你 好。	→	Nǐ hǎo ma? 你 好 吗?
Tā bàba、māma dōu hǎo. 他爸爸、妈妈 都 好。	→	Tā bàba、māma dōu hǎo ma? 他爸爸、妈妈 都 好 吗?
Tā máng. 她 忙。	→	Tā máng ma? 她 忙 吗?
Nǐ yào kāfēi. 你 要 咖啡。	→	Nǐ yào kāfēi ma? 你 要 咖啡 吗?

七 综合练习 Comprehensive Practice

CD 1 8 1~4

1 听录音，圈出正确的语音。

Circle the right sound according to what you hear on the CD.

1	b	p	d	t	6	an	ang	en	eng
2	d	t	g	k	7	tiao	diao	biao	piao
3	p	f	h	l	8	duo	dou	diu	du
4	e	ei	ie	en	9	gao	gan	kao	kan
5	o	uo	ou	ao	10	fen	fei	feng	fang

2 听录音，圈出正确的声调。

Circle the right tone according to what you hear on the CD.

1	tān	tán	tǎn	tàn	6	kāng	káng	kǎng	kàng
2	dū	dú	dǔ	dù	7	liū	liú	liǔ	liù
3	yōu	yóu	yǒu	yòu	8	piāo	piáo	piǎo	piào
4	fēi	féi	fěi	fèi	9	bēi	béi	běi	bèi
5	gēng	géng	gěng	gèng	10	kān	kán	kǎn	kàn

3 听录音，为下列音节标出正确的声调。

Mark the right tones on the following syllables according to what you hear on the CD.

1 ding	2 kou	3 teng	4 bu	5 gang
6 pengyou	7 hen mang	8 gege	9 dou yao	10 he kafei

4 听对话并完成练习。

Listen to the following dialogue and do the exercises.

1. Make a similar dialogue.
2. Decide whether the statements are true (T) or false (F).

A. Lín Nà hěn máng. (   )

B. Tā nán péngyou bù máng. (   )

C. Yǔpíng hěn máng. (   )

5 圈出轻声，注意在每一组里可能有不止一个轻声。

Circle the neutral tones. Note that in each group, the neutral tone may appear more than once.

	A	B	C	D
(1)	A. kafei	B. baba	C. pengyou	D. dou hao
(2)	A. mama	B. hen hao	C. Libo	D. yao he
(3)	A. ye yao	B. bu mang	C. ni ne	D. tamen
(4)	A. dou hao	B. hao ma	C. ye mang	D. didi
(5)	A. ni hao	B. ye hao	C. women	D. Yuping

6 用汉语拼音翻译下列句子。

Translate the following sentences into Chinese *pinyin*.

(1) Lin Na is very busy.

____

(2) He is very busy, too.

____

(3) Are all of you busy?

____

(4) Would you like to have some coffee?

____

文化知识 Cultural Notes

Chinese Characters and Simplified Script

The Chinese script is the only ideograph still in daily use in the world today. Unlike the alphabetic systems used by most languages, Chinese script is made up of characters, the majority of which are "pictophonetic". Most consist of a component indicating the sound of the character, the phonetic, combined with a semantic component, the significance of the radical, which shows the category of meaning to which the character belongs.

Chinese characters represent monosyllables, and generally each character represents a single morpheme. The total number of Chinese characters is estimated at over fifty thousand, of which only five to eight thousand are frequently used, while three thousand are normally adequate for everyday situations.

A considerable number of Chinese characters are composed of numerous strokes and are therefore complicated to write. With a view to facilitating writing, people have made continuous attempts to simplify the writing system. The simplification of Chinese characters includes two aspects: to reduce the number of characters, and to reduce the number of strokes. What are known as "simplified characters" refer to graphs that have been thus simplified; traditional characters, on the other hand, are those that retain their earlier forms.

The use of simplified characters is now official policy in the People's Republic of China, while traditional characters are restricted mainly to academic use or aesthetic purposes. Simplified characters have the advantages of being easier to learn, memorize, read and write. Here are two examples:

媽 mother（traditional）	妈 mother（simplified）
門 door（traditional）	门 door（simplified）

Simplified characters are used in this textbook.

Now, would you like to use Chinese to learn more about the people you meet? This lesson will show you how to ask a person's occupation and nationality, as well as how to introduce your friends and family to others. In addition, you will learn compound characters originated from basic characters.

第三课 Lesson 3

Tā shì nǎ guó rén
她是哪国人

一 课文 Text

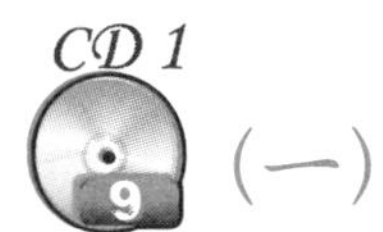

(一)

Gēge: Lìbō, nà shì shéi?
哥哥：力波，那是谁？

【认指人】Identifying people

Dīng Lìbō: Nà shì wǒmen lǎoshī.
丁力波：那是我们老师。

Gēge: Tā shì nǎ guó rén? ①
哥哥：她是哪国人？

【问国籍】Asking someone's nationality

Dīng Lìbō: Tā shì Zhōngguó rén. ② Wǒmen lǎoshī dōu shì Zhōngguó rén.
丁力波：她是中国人。我们老师都是中国人。

生词 New Words

1	tā	Pr	她	she, her
2	shì	V	是	to be
3	nǎ	QPr	哪	which
4	guó	N	国	country, nation
5	rén	N	人	people, person
6	nà	Pr	那	that
7	shéi	QPr	谁	who, whom
8	lǎoshī	N	老师	teacher
9	Zhōngguó	PN	中国	China

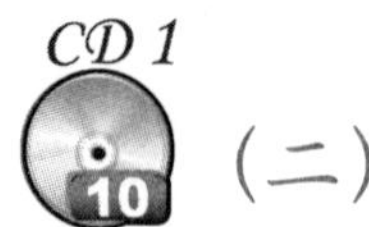

(二)

Dīng Lìbō: Chén lǎoshī, nín hǎo![3] Zhè shì wǒ gēge,[4] tā shì wàiyǔ lǎoshī.
丁力波：陈老师，您好！这是我哥哥，他是外语老师。

【介绍】Introducing people

Chén lǎoshī: Nǐ hǎo.
陈老师：你好。

Dīng Lìbō: Zhè shì wǒ péngyou.
丁力波：这是我朋友。

Chén lǎoshī: Nǐ hǎo! Nǐ yě shì lǎoshī ma?
陈老师：你好！你也是老师吗？

Péngyou: Nín hǎo! Wǒ bú shì lǎoshī, wǒ shì yīshēng.
朋友：您好！我不是老师，我是医生。

Chén lǎoshī：Lìbō， zhè shì nǐ nǎinai ma?
陈老师：力波，这 是 你 奶奶 吗？

Dīng Lìbō：Bú shì， tā shì wǒ wàipó.⑤
丁力波：不 是，她 是 我 外婆。

Chén lǎoshī：Wàipó， nín hǎo!
陈老师：外婆， 您 好！

生词 New Words

1 nín	Pr	您	you (polite form)
2 zhè	Pr	这	this
3 wàiyǔ	N	外语	foreign language
4 yīshēng	N	医生	doctor, physician
5 nǎinai	N	奶奶	(paternal) grandmother
6 wàipó	N	外婆	(maternal) grandmother
7 Chén	PN	陈	(a surname)

二 注 释 Notes

① Tā shì nǎ guó rén?

"What's her nationality?"

There are two Chinese characters for the third person singular "tā": one is "他" and can be used for a male; the other is "她" and refers to a female.

② Tā shì Zhōngguó rén.

"She is Chinese."

To indicate the nationality of an individual, the character "rén (人)" is usually placed after the name of his/her motherland. For example:

"Zhōngguó (中国 China)" — "Zhōngguó rén (中国人 Chinese people)"

③ Chén lǎoshī, nín hǎo!

In China, a person's position or occupation, such as the director of a factory, manager, section head, engineer, movie director, or teacher, is frequently used as a title to address people in preference to such expressions as Mr. or Miss. Surnames always precede the titles. It is considered impolite for a student to address a teacher directly by his/ her personal name. "Surname + teacher" is the most proper form of address frequently used for a teacher, e.g., "Chén lǎoshī (陈老师)".

"nín (您)" is the polite form of "你", commonly used to refer to an elderly or a senior person during a conversation or to a person of the same generation when speaking on a formal occasion. People in Beijing are quite fond of using this form of address.

④ Zhè shì wǒ gēge.

"This is my elder brother."

When introducing someone to a person, we often use the sentence pattern "Zhè shì……(这是……)". "shì (是)" is pronounced as a weak syllable.

⑤ Lìbō，zhè shì nǐ nǎinai ma?—— Bú shì，tā shì wǒ wàipó.

The Chinese language uses many words for referring to individuals in a family so that their specific relationship to other members of the family is made clear. Different words are used depending on whether a relative is on the mother's or wife's side or on the father's or husband's side. Some examples are "yéye" and "nǎinai" used by a child to address the parents of his / her father, differentiated from "wàigōng" and "wàipó" used to address his / her mother's parents.

三 语音练习 Pronunciation Drills

CD 1

声母 Initials：zh ch sh r
韵母 Finals：-i[ʅ]
ai uai ong

1 拼音 *Pinyin*

zhā	chā	shā		zhōu	chōu	shōu
zhī	chī	shī	rī	zhuō	chuō	shuō
zhē	chē	shē	rēng	zhuāi	chuāi	shuāi
zhāi	chāi	shāi	rāng	zhōng	chōng	

2 四声 The four tones

chā	chá	chǎ	chà	
	rú	rǔ	rù	
zhē	zhé	zhě	zhè	
shī	shí	shǐ	shì	zhè shì
lāo	láo	lǎo	lào	lǎoshī
chēn	chén	chěn	chèn	Chén lǎoshī
wāi		wǎi	wài	
yū	yú	yǔ	yù	wàiyǔ
yī	yí	yǐ	yì	

shēng	shéng	shěng	shèng	yīshēng
zhōng		zhǒng	zhòng	
guō	guó	guǒ	guò	Zhōngguó
	rén	rěn	rèn	Zhōngguó rén

3 辨音 Sound discrimination

zhōng —— chōng　　shēng —— shāng　　rì —— rè

bǐ —— pǐ　　dǒng —— tǒng　　ròu —— ruò

4 辨调 Tone discrimination

shí —— shǐ　　zhě —— zhè　　rén —— rèn

pái —— pài　　chéng —— chēng　　zhuǎi —— zhuài

5 半三声 Half third tone

lǎoshī	nǎinai	wǒmen	nǐmen
wǒ gēge	wǒ péngyou	wǒ nǎinai	
nǐ wàipó	nǐ bàba	nǎ guó rén	
hǎo ma	nǐ máng	hěn máng	
nǐ yào	wǒ yào	yě yào	kělè

6 声调组合 Combination of tones

- + -	- + ˊ	- + ˇ	- + ˋ	- + ° [1]
kāfēi	Zhōngguó	hēibǎn (blackboard)	shēngdiào (tones)	tāmen
yīshēng	hē chá (to drink tea)	shēntǐ (body)	chīfàn (to eat a meal)	gēge

ˊ + -	ˊ + ˊ	ˊ + ˇ	ˊ + ˋ	ˊ + °
túshū (books)	chángcháng (often)	niúnǎi (milk)	liúlì (fluent)	péngyou
chénggōng (success)	yínháng (bank)	píngguǒ (apple)	chídào (late)	yéye (paternal grandfather)

[1]: "°" here represents the neutral tone.

7 双音节连读 Practice on disyllabic words

gōngren (worker)
shāngrén (merchant)
lǜshī (lawyer)
gànbu (cadre)
nóngmín (farmer)

Yīngguó (England, UK)
Déguó (Germany)
Měiguó (USA)
Fǎguó (France)
Rìběn (Japan)

四 会话练习 Conversation Practice

● 核心句 KEY SENTENCES

1. Nà shì shéi?
2. Nà shì wǒmen lǎoshī.
3. Tā shì nǎ guó rén?
4. Tā shì Zhōngguó rén.
5. Zhè shì wǒ péngyou.
6. Nǐ yě shì lǎoshī ma?
7. Wǒ bú shì lǎoshī, wǒ shì yīshēng.

(一)【认指人 Identifying people】

看图会话 Make dialogues based on the pictures

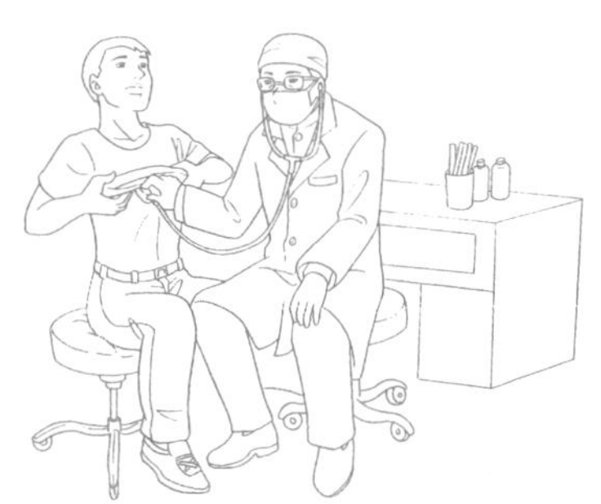

1 A：Nà shì shéi?

B：Nà shì____________.

2 A：Tā shì shéi?

B：Tā shì______________.

（二）【问国籍 Asking someone's nationality】

1. 完成下列会话 Complete the following dialogues

1 A：Nín shì nǎ guó rén?

B：______________.

A：Tā ne?

B：______________.

2 A：Nín shì Yīngguó rén ma?

B：Bú shì, ______________. Nín shì nǎ guó rén?

A：______________.

2. 看图会话 Make dialogues based on the pictures

A：Tā shì nǎ guó rén?

B：______________.

（三）【介绍 Introducing people】

1. 完成下列会话 Complete the following dialogues

1 A：Zhè shì Lín yīshēng. Zhè shì Chén lǎoshī.

B：____________________________.

C：Nín hǎo， Lín yīshēng.

2 A：Zhè shì ____________________. Zhè shì ______________________.

B：____________________________.

C：____________________________.

2. 情景会话 Situational dialogue

Introduce your teacher and classmates.

五 语 音 Phonetics

1 三声变调 Third-tone sandhi

A third tone, when followed by a first, second or fourth tone, or most neutral tone syllables, usually becomes a half third tone, that is, a tone that only falls but does not rise. The tone mark is unchanged. For example:

nǐ gēge　　wǒ yào

Nǐ máng ma?

2 “不”的变调 Tone sandhi of “不”

“不（bù）” is a fourth tone syllable by itself. But it becomes a second tone when followed by a fourth tone. For example:

bù hē　　bù máng　　bù hǎo

bú shì　　bú yào

3 发音要领 Key points of pronunciation

Initials:

zh like "j" in "jerk", but with the tip of the tongue curled farther back, unaspirated.

ch like "ch" in "church", but with the tip of the tongue curled farther back, aspirated.

sh like "sh" in "ship", but with the tip of the tongue curled farther back.

r as in "right" in English, but with lips unrounded, and the tip of the tongue curled farther back. Always pronounce the Chinese /r/ sound with a nice smile!

Finals:

ai like "y" in "sky" (light).

-i [ʅ] "-i [ʅ]" in "zhi", "chi", "shi" and "ri" is pronounced differently from the simple final "i [i]". After pronouncing the initials "zh", "ch", "sh" and "r", do not move your tongue. Care must be taken not to pronounce the simple final "i [i]", which is never found after "zh", "ch", "sh" or "r".

六 综合练习 Comprehensive Practice

1 听录音，圈出正确的语音。

Circle the right sound according to what you hear on the CD.

1 zh	ch	sh	r		6 iao	iou	uai	ai
2 zh	ch	sh	r		7 zhai	chai	shai	chuai
3 g	k	sh	r		8 zhuai	chuai	shuai	zhai
4 ao	ai	an	uai		9 zhong	chong	zhou	chou
5 ang	eng	ong	an		10 reng	rang	ri	ren

2 听录音，圈出正确的声调。

Circle the right tone according to what you hear on the CD.

1 zhī	zhí	zhǐ	zhì		6 tōng	tóng	tǒng	tòng
2 chuāi	chuái	chuǎi	chuài		7 zhān	zhán	zhǎn	zhàn
3 shēng	shéng	shěng	shèng		8 chōng	chóng	chǒng	chòng
4 rāo	ráo	rǎo	rào		9 shuāi	shuái	shuǎi	shuài
5 kāi	kái	kǎi	kài		10 rū	rú	rǔ	rù

3 听录音，为下列音节标出正确的声调。

Mark the right tones on the following syllables according to what you hear on the CD.

1 sheng	2 zhi	3 che	4 ren	5 guai
6 Zhongguo	7 laoshi	8 yisheng	9 chifan	10 waiyu ke

4 听对话并完成练习。

Listen to the following dialogue and do the exercises.

1. Make a similar dialogue.
2. Decide whether the statements are true (T) or false (F).

   A. Chén lǎoshī shì yīshēng. (　　)

   B. Dīng Lìbō de gēge shì lǎoshī. (　　)

   C. Chén lǎoshī shì Zhōngguó rén. (　　)

5 圈出三声的变调或“不”的变调。

Circle the third-tone sandhis or tone sandhis of “不”.

(1) A. yisheng	B. wo shi	C. gege	D. waiyu
(2) A. ni mang	B. baba	C. zhe shi	D. pengyou
(3) A. waipo	B. tamen	C. laoshi	D. Zhongguo
(4) A. bu mang	B. bu hao	C. bu shi	D. bu he
(5) A. bu hao	B. bu he	C. bu dou	D. bu yao

6 连接 I 和 II 两部分的词语，组成句子。

Make sentences by matching the words from part I with those from part II. Draw a line to connect them.

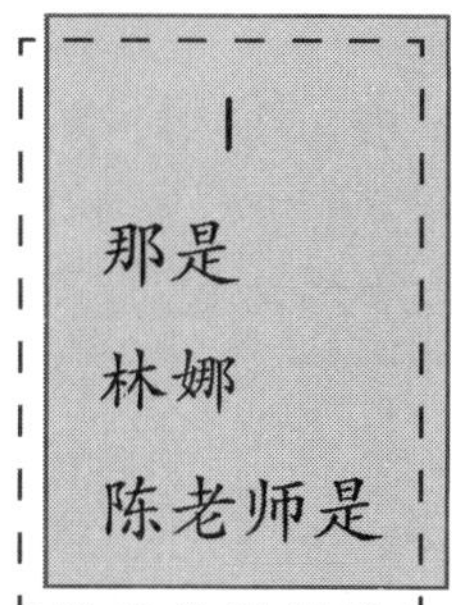

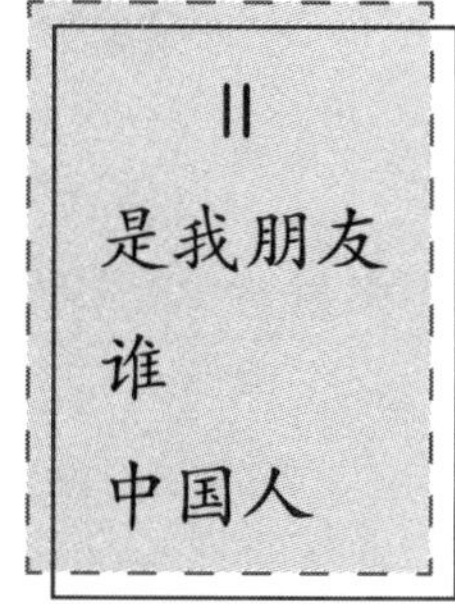

7 用汉语拼音翻译下列句子。

Translate the following sentences into Chinese *pinyin*.

(1) Our teacher is Chinese.

____

(2) She is my friend.

____

(3) He is my boyfriend.

____

(4) Who is he?

____

文化知识 Cultural Notes

Scheme for the Chinese Phonetic Alphabet

Chinese differs from alphabetic languages in that its written form is not directly related to its pronunciation. In order to provide phonetic notation for Chinese characters and to facilitate the consultation of dictionaries, phonologists drafted the "Scheme for the Chinese Phonetic Alphabet", and in 1958 the Chinese government passed an act to promote the application of this scheme, commonly known as the *pinyin* ("arranged sounds") system. *Pinyin* adopts the Latin alphabets to transcribe Chinese sounds, and four diacritical tone marks to indicate the different tones of Chinese characters. *Pinyin* is now widely used for the study of Chinese language, and has aided the popularization of standard Chinese (*Putonghua*).

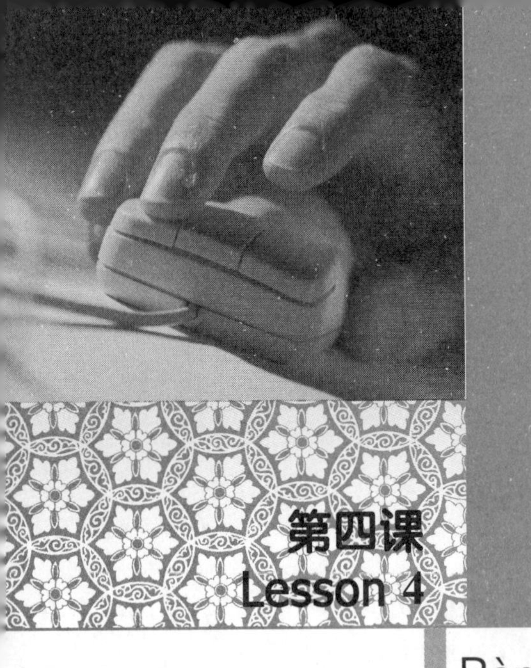

In this lesson, you will learn how to ask someone's name politely, how to introduce yourself, and how to ask for permission. The pronunciations of the Chinese initials introduced in this lesson may seem unfamiliar to you. Don't be discouraged, however, for with daily practice, you will surely be able to master them.

第四课
Lesson 4

Rènshi nǐ hěn gāoxìng
认识 你 很 高兴

一 课 文 Text

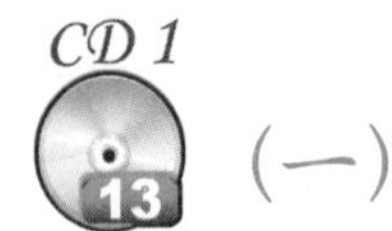

(一)

Yáng lǎoshī: Kěyǐ jìnlai ma? ①
杨老师：可以 进来 吗？

【请求允许】
Asking for permission

Lín Nà: Qǐng jìn! ② Yáng lǎoshī, nín hǎo. Zhè shì wǒ péngyou, tā shì jìzhě.
林娜：请 进！ 杨 老师，您 好。这 是 我 朋友，他 是 记者。

Yáng lǎoshī: Qǐngwèn, nín guìxìng? ③
杨老师：请问，您贵姓？

【问姓名】
Asking someone's name

Lù Yǔpíng: Wǒ xìng Lù, jiào Lù Yǔpíng. ④
陆雨平：我姓陆，叫陆雨平。

Yáng lǎoshī: Nǐ hǎo, Lù xiānsheng, rènshi nǐ hěn gāoxìng. ⑤
杨老师：你好，陆先生，认识你很高兴。

Lù Yǔpíng: Yáng lǎoshī, rènshi nín, wǒ yě hěn gāoxìng.
陆雨平：杨老师，认识您，我也很高兴。

生词 New Words

1	rènshi	V	认识	to know (somebody)
2	gāoxìng	A	高兴	happy, pleased
	gāo	A	高	tall
3	kěyǐ	OpV	可以	may
4	jìnlai	VC	进来	to come in
	jìn	V	进	to enter
	lái	V	来	to come
5	qǐng	V	请	please
6	jìzhě	N	记者	journalist, reporter
7	qǐngwèn	V	请问	May I ask...?
	wèn	V	问	to ask
8	guìxìng	IE	贵姓	your surname (polite form)
	xìng	V/N	姓	one's surname is... / surname
9	jiào	V	叫	to be called
10	xiānsheng	N	先生	Mr.
11	Yáng	PN	杨	(a surname)

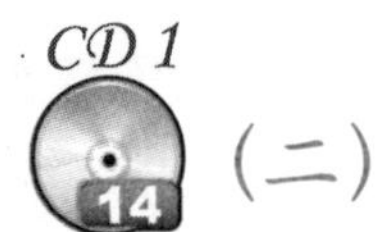

(二)

Lín Nà: Wǒ shì Yǔyán Xuéyuàn de xuésheng.⑥ Wǒ xìng Lín, jiào Lín Nà. Wǒ shì Yīngguó rén. Nǐ xìng shénme?⑦

林娜：我是语言学院的学生。我姓林，叫林娜。我是英国人。你姓什么？

Mǎ Dàwéi: Wǒ xìng Mǎ, jiào Mǎ Dàwéi.

马大为：我姓马，叫马大为。

【自我介绍】Introducing oneself

Lín Nà: Nǐ shì Jiānádà rén ma?

林娜：你是加拿大人吗？

Mǎ Dàwéi: Wǒ bú shì Jiānádà rén, wǒ shì Měiguó rén, yě shì Yǔyán Xuéyuàn de xuésheng. Wǒ xuéxí Hànyǔ.

马大为：我不是加拿大人，我是美国人，也是语言学院的学生。我学习汉语。

生词 New Words

1	yǔyán	N	语言	language
2	xuéyuàn	N	学院	institute, college
	xué	V	学	to learn 学语言
3	de	StPt	的	(a possessive or modifying particle)
4	xuésheng	N	学生	student
5	shénme	QPr	什么	what
6	xuéxí	V	学习	to learn, to study 学习语言
7	Hànyǔ	N	汉语	Chinese (language)
8	Yīngguó	PN	英国	Great Britain, England
9	Mǎ Dàwéi	PN	马大为	(name of an American student)
10	Jiānádà	PN	加拿大	Canada
11	Měiguó	PN	美国	the United States of America

补充生词 Supplementary Words

1. Făguó	PN	法国	France
2. Déguó	PN	德国	Germany
3. Éluósī	PN	俄罗斯	Russia
4. Rìběn	PN	日本	Japan

二 注 释 Notes

① Kěyǐ jìnlai ma?

"May I come in?"

② Qǐng jìn!

"Come in, please!"

"Qǐng（请）……" is an expression used for making polite requests.

③ Qǐngwèn，nín guìxìng?

"May I have your surname?"

This is a polite way of asking someone's surname. In China, when meeting someone for the first time, it is considered more polite to ask his / her surname rather than his / her full name. Notice that "guì(贵)" can only be used in combination with "nǐ(你)" or "nín(您)", and not with "wǒ(我)" or "tā(他/她)".

④ Wǒ xìng Lù， jiào Lù Yǔpíng.

"My surname is Lu, and my full name is Lu Yuping."

When answering the question "Nín guìxìng?", one can either give one's surname by saying "Wǒ xìng……", or give one's full name by saying "Wǒ jiào……" or say both "Wǒ xìng……， jiào……."

Note that in Chinese, one's surname always comes before his given name.

⑤ Rènshi nǐ hěn gāoxìng.

"(I'm) glad to meet (literally, know) you."

⑥ Wǒ shì Yǔyán Xuéyuàn de xuésheng.

"I am a student at (literally, of) the Language Institute."

⑦ Nǐ xìng shénme?

"What's your surname?"

This informal way of asking someone's surname is appropriate when an adult is speaking to a child, or when young people are talking with each other.

三 语音练习 Pronunciation Drills

CD 1

声母 Initials: j q x

韵母 Finals: ia ian iang

uei (-ui) uen (-un) üe üan

1 拼音 Pinyin

jī	qī	xī	jū	qū	xū
jiā	qiā	xiā	juē	quē	xuē
jiān	qiān	xiān	juān	quān	xuān
jiāng	qiāng	xiāng	guī	kuī	huī
jīn	qīn	xīn	zhūn	chūn	tūn
jīng	qīng	xīng			

2 四声 The four tones

jī	jí	jǐ	jì	
zhē	zhé	zhě	zhè	jìzhě

qīng	qíng	qǐng	qìng	
jīn		jǐn	jìn	qǐng jìn
guī		guǐ	guì	
xīng	xíng	xǐng	xìng	guìxìng
xiān	xián	xiǎn	xiàn	
shēng	shéng	shěng	shèng	xiānsheng
yū	yú	yǔ	yù	
yān	yán	yǎn	yàn	yǔyán
xuē	xué	xuě	xuè	
yuān	yuán	yuǎn	yuàn	xuéyuàn
xī	xí	xǐ	xì	xuéxí
hān	hán	hǎn	hàn	Hànyǔ
jiā	jiá	jiǎ	jià	Jiānádà

3 辨音 Sound discrimination

jiāo —— qiāo　　yuè —— yè　　duì —— tuì

tián —— tíng　　yán —— yáng　　zhǐ —— chǐ

4 辨调 Tone discrimination

shǒu —— shòu　　xià —— xiā　　shuǐ —— shuì

xīn —— xìn　　bái —— bǎi　　xiǎo —— xiào

5 声调组合 Combination of tones

ˇ + ˉ	ˇ + ˊ	ˇ + ˇ	ˇ + ˋ	ˇ + ˚
lǎoshī	yǔyán	kěyǐ	qǐng jìn	wǒmen
Běijīng	lǚxíng	yǔfǎ	kǎoshì	jiějie
(Beijing)	(to travel)	(grammar)	(exam)	(elder sister)

ˋ + ˉ	ˋ + ˊ	ˋ + ˇ	ˋ + ˋ	ˋ + ˳
Lìbō	wàipó	Hànyǔ	guìxìng	mèimei (younger sister)
miànbāo (bread)	liànxí (exercise)	bàozhǐ (newspaper)	zhùyì (to pay attention to)	kèqi (courtesy)

6 双音节连读 Practice on disyllabic words

tàitai (Mrs.)	Yīngyǔ (English)
xiǎojiě (Miss)	Fǎyǔ (French)
nǚshì (Madam)	Déyǔ (German)
jīnglǐ (manager)	Éyǔ (Russian)
tóngshì (colleague)	Rìyǔ (Japanese)

四 会话练习 Conversation Practice

● 核心句 KEY SENTENCES

1. Kěyǐ jìnlai ma?
2. Qǐng jìn!
3. Nín guìxìng?
4. Wǒ xìng Lù， jiào Lù Yǔpíng.
5. Rènshi nǐ hěn gāoxìng.
6. Wǒ shì Yǔyán Xuéyuàn de xuésheng.
7. Wǒ xuéxí Hànyǔ.

（一）【请求允许 Asking for permission】

看图会话 Make a dialogue based on the picture

A: ______________________________?

B: ______________________________.

（二）【问姓名 Asking someone's name】

完成下列会话 Complete the following dialogues

1 A：Nín guìxìng?
B：Wǒ xìng ____________，jiào ____________.
A：Wǒ jiào ____________. ____________ wǒ hěn gāoxìng.
B：____________________________.

2 A：Nǐ xìng shénme?
B：____________________________.

3 A：Tā xìng shénme?
B：____________________________.

4 A：Tā jiào shénme?
B：____________________________.

（三）【自我介绍 Introducing oneself】

情景会话 Situational dialogue

Ask everyone to introduce himself / herself in a meeting by imitating Dialogue II in the text.

五 语 音 Phonetics

1 发音要领 Key points of pronunciation

Initials:

j is an unaspirated voiceless palatal affricate. To pronounce this sound, first raise the front of the tongue to the hard palate and press the tip of the tongue against the back of the lower teeth, and then loosen the tongue to let the air squeeze out through the channel. The sound is unaspirated and the vocal cords do not vibrate.

q is an aspirated voiceless palatal affricate. It is pronounced in the same manner as "j", but it is aspirated.

x is a voiceless palatal fricative. To pronounce it, first raise the front of the tongue toward (but not touching) the hard palate and then let the air squeeze out. The vocal cords do not vibrate.

Note: The finals that can be combined with "j", "q" and "x" are limited to "i", "ü" and compound finals that start with "i" or "ü".

2 拼写规则 Spelling rules

(1) When the compound final "uei" is combined with initials, it is simplified to -ui and the tone mark is written over "i". For example: guì.

(2) When the compound final "uen" is combined with initials, it is simplified to -un. For example: lùn.

(3) When "ü" is combined with j, q and x, the two dots over it are omitted. For example: xué. "y" is added to the compound finals which start with "ü" and the two dots over it are omitted. For example: yǔyán, xuéyuàn.

六 语法 Grammar

"是"字句 Sentences with "是"

Subject	Predicate			
	Adv	V "是"	N / NP	QPt
Tā 他		shì 是	lǎoshī. 老师。	
Mǎ Dàwéi 马 大为	bú 不	shì 是	lǎoshī. 老师。	
Tā 她		shì 是	xuésheng 学生	ma? 吗？

In an "A 是 B" sentence, the verb "是" is used to connect the two parts. Its negative form is made by putting "不" before the verb "是". If the sentence is not particularly emphatic, "是" is read softly.

Note: The adverb "不" must be placed before "是".

七 综合练习 Comprehensive Practice

1 听录音，圈出正确的语音。

Circle the right sound according to what you hear on the CD.

① j	q	zh	ch		⑥ ü	üe	yi	ie
② q	sh	x	r		⑦ jia	qia	jian	qian
③ j	zh	x	q		⑧ que	xue	quan	xuan
④ ia	iao	ian	iang		⑨ zhui	chui	zhun	chun
⑤ uai	uei	uen	en		⑩ chao	xiao	qiang	jie

2 听录音，圈出正确的声调。

Circle the right tone according to what you hear on the CD.

① jiā	jiá	jiǎ	jià		⑥ qiē	qié	qiě	qiè
② qiān	qián	qiǎn	qiàn		⑦ shuī	shuí	shuǐ	shuì
③ xiāng	xiáng	xiǎng	xiàng		⑧ chūn	chún	chǔn	chùn
④ juē	jué	juě	juè		⑨ zhōng	zhóng	zhǒng	zhòng
⑤ xuān	xuán	xuǎn	xuàn		⑩ rēn	rén	rěn	rèn

3 听录音，为下列音节标出正确的声调。

Mark the right tones on the following syllables according to what you hear on the CD.

① xiao	② shei	③ jian	④ qi
⑤ xing	⑥ guixing	⑦ yuyan	⑧ renshi
⑨ jiao Lin Na	⑩ xuexi Hanyu		

4 听对话并完成练习。

Listen to the following dialogue and do the exercises.

1. Choose the right answers.

   Under what circumstances does one use the expression “请进”?（ ）

   A. The speaker is in the room.

   B. The speaker is outside the room.

   C. A polite way of inviting guests to enter a room.

2. Decide whether the statements are true (T) or false (F).

   A. Lù Yǔpíng shì yīshēng. （ ）

   B. Lù Yǔpíng shì jìzhě. （ ）

   C. Jìzhě xìng Yǔpíng. （ ）

5 圈出第三声变调，注意在每一组里可能出现不止一次三声。

Circle the third-tone sandhis. Note that in each group, the third-tone sandhi may appear more than once.

	A	B	C	D
(1)	A. ta hao	B. ni hao	C. wo hao	D. dou hao
(2)	A. qing jin	B. nin qing	C. qingwen	D. jinlai
(3)	A. xuesheng	B. yisheng	C. jizhe	D. laoshi
(4)	A. xueyuan	B. yuyan	C. xuexi	D. keyi
(5)	A. Zhongguo	B. Yingguo	C. Meiguo	D. Jianada

6 填空。

Fill in the blanks.

(1) 丁力波学习__________________。

(2) 您__________________？

(3) __________________你很高兴。

(4) 我_________林，_________林娜。

7 用汉语拼音翻译下列句子。

Translate the following sentences into Chinese *pinyin*.

(1) I study Chinese.

____

(2) Nice to meet you.

____

(3) May I have your surname?

____

(4) May I come in?

____

文化知识 Cultural Notes

The Educational System of China

The educational system of China consists of elementary and secondary education, secondary and higher vocational education and higher education.

Chinese children usually start their schooling at the age of six or seven. They spend six years in an elementary school. After that, they enter junior middle school to study for three years. These nine years of schooling are generally referred to as "nine-year compulsory education", and are popularized in most parts of China.

After graduating from junior middle school, some students enter senior high school, whereas some choose to go to specialized secondary school or vocational school (generally called "vocational senior high school"). The period of study for both types of school is three years. After graduating, students may seek employment, or they may choose to continue their studies at the higher education level.

The length of schooling for a university education is usually four years, but some programs (medicine, for instance) require five years of study. At the time of graduation, if a student meets all the academic requirements, a bachelor's degree is then conferred upon him or her by the university or college that is held by the state. After graduating from university, one may opt for further studies toward master's and doctoral degrees. Each degree usually takes three years to obtain. Like most universities in the world, Chinese universities offer three academic degrees, i.e., the bachelor's, the master's, and the doctorate.

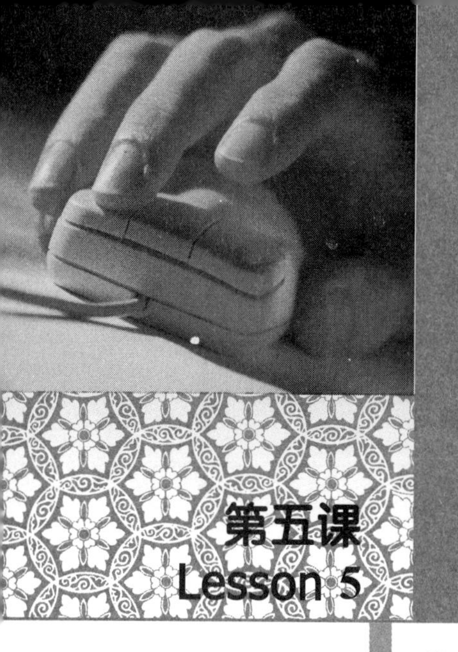

By the end of this lesson, you should be able to ask for directions, ask for someone, express gratitude and regret, and say goodbye in Chinese. Remember to keep practicing your pronunciation and tones every day.

第五课
Lesson 5

Cāntīng zài nǎr
餐厅 在 哪儿

一 课 文 Text

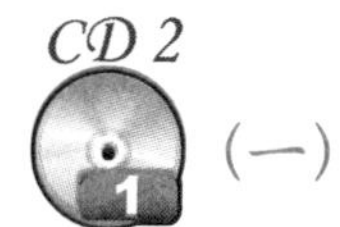

（一）

Mǎ Dàwéi: Qǐngwèn, zhè shì Wáng Xiǎoyún de sùshè ma?
马大为：请问，这是王小云的宿舍吗？

【找人】
Looking for someone

Nǚ xuésheng: Shì. Qǐng jìn, qǐng zuò.
女学生：是。请进，请坐。

Mǎ Dàwéi: Xièxie. Wáng Xiǎoyún zài ma? ①
马大为：谢谢。王小云在吗？

Nǚ xuésheng: Tā bú zài.
女学生：她不在。

Mǎ Dàwéi: Tā zài nǎr? ②
马大为：她在哪儿？

Nǚ xuésheng: Duìbuqǐ, wǒ bù zhīdào. ③
女学生：对不起，我不知道。

Mǎ Dàwéi: Méi guānxi. Hǎo, zàijiàn.
马大为：没 关系。好，再见。

【告别】 Saying goodbye

Nǚ xuésheng: Zàijiàn.
女学生：再见。

生词 New Words

1 cāntīng	N	餐厅	dining hall
2 zài	V	在	to be (here, there), to be (in, on, at)
3 nǎr	QPr	哪儿	where
4 sùshè	N	宿舍	dormitory
5 nǚ	A	女	female
6 zuò	V	坐	to sit
7 xièxie	V	谢谢	to thank
8 duìbuqǐ	IE	对不起	I'm sorry
9 zhīdào	V	知道	to know
10 méi guānxi	IE	没关系	never mind, it doesn't matter
11 zàijiàn	IE	再见	goodbye
zài	Adv	再	again
12 Wáng Xiǎoyún	PN	王小云	(name of a Chinese student)

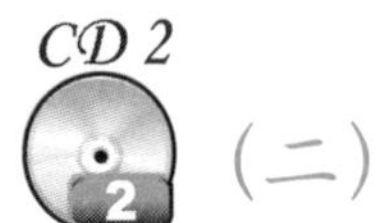

(二)

Mǎ Dàwéi: Xiǎojiě, qǐngwèn cāntīng zài nǎr?[4]
马大为：小姐，请问 餐厅 在哪儿？

【问地点】 Asking for directions

Xiǎojiě: Zài èr céng èr líng sì hào.[5]
小姐：在 二 层 二 〇 四 号。

Mǎ Dàwéi: Xièxie.
马大为：谢谢。

【道谢】
Expressing thanks

Xiǎojiě: Búyòng xiè.[6]
小姐：不用 谢。

Sòng Huá: Dàwéi, wǒmen zài zhèr.
宋华：大为， 我们 在 这儿。

Mǎ Dàwéi: Duìbuqǐ, wǒ lái wǎn le.[7]
马大为：对不起， 我 来 晚 了。

Wáng Xiǎoyún: Méi guānxi.
王小云：没 关系。

生词 New Words

1	xiǎojiě	N	小姐	Miss, young lady
2	èr	Nu	二	two
3	céng	M	层	storey, floor
4	líng	Nu	〇	zero
5	sì	Nu	四	four
6	hào	N	号	number
7	búyòng	Adv	不用	need not

8	zhèr	Pr	这儿	here
9	wǎn	A	晚	late
10	le	Pt	了	(*a modal partical, aspect partical*)
11	Sòng Huá	PN	宋华	(name of a Chinese student)

二 注 释 Notes

① Wáng Xiǎoyún zài ma?

"Is Wang Xiaoyun in?"

② Tā zài nǎr?

"Where is she?"

③ Duìbuqǐ, wǒ bù zhīdào.

"duìbuqǐ (对不起)" is a phrase commonly used in asking for excuses or making apologies, and the response to it is usually "méi guānxi (没关系)".

④ Cāntīng zài nǎr?

"Where is the dining hall?"

⑤ Zài èr céng èr líng sì hào.

"It's in No. 204 on the second floor." In Chinese, the ground floor of a building is considered to be the first floor.

⑥ Búyòng xiè.

"Don't mention it."

This phrase is used as a response to an expression of gratitude. One may also say, "Bú xiè (不谢)".

⑦ Duìbuqǐ, wǒ lái wǎn le.

"Sorry, I am late."

三 语音练习 Pronunciation Drills

CD 2

声母 Initials：z c s
韵母 Finals：-i[1] er
iong ua uan uang ün

1 拼音 Pinyin

zā	cā	sā	zūn	cūn	sūn
zī	cī	sī	zhuāng	chuāng	shuāng
zū	cū	sū	jiōng	qiōng	xiōng
zuān	cuān	suān	jūn	qūn	xūn
zuī	cuī	suī	guā	kuā	huā

2 四声 The four tones

zāi		zǎi	zài	zài
cān	cán	cǎn	càn	
tīng	tíng	tǐng	tìng	cāntīng
sī		sǐ	sì	
cēng	céng		cèng	sì céng
	ér	ěr	èr	èr hào
wēn	wén	wěn	wèn	qǐngwèn
xiē	xié	xiě	xiè	xièxie
jiān		jiǎn	jiàn	zàijiàn
wān	wán	wǎn	wàn	lái wǎn le
yōng	yóng	yǒng	yòng	búyòng
wāng	wáng	wǎng	wàng	
yūn	yún	yǔn	yùn	Wáng Xiǎoyún
sōng	sóng	sǒng	sòng	
huā	huá		huà	Sòng Huá

3 辨音 Sound discrimination

zǐ —— cǐ	qiě —— jiě	jiàn —— qiàn
qǐng —— jǐng	kuài —— kuà	huān —— huāng

4 辨调 Tone discrimination

sì —— sī	jǐng —— jīng	èr —— ér
yǒng —— yòng	wén —— wèn	xióng —— xiōng

5 韵母 er 和儿化韵 Final "er" and retroflex ending

èr (two)	zhèr (here)
érzi (son)	nàr (there)
ěrduo (ear)	nǎr (where)
nǚ'ér (daughter)	wánr (play)

6 声调组合 Combination of tones

- + -	- + ˊ	- + ˇ	- + ˋ	- + °
cāntīng	Yīngguó	jīnglǐ (manager)	gāoxìng	xiānsheng
fēijī (plane)	shēngcí (new word)	qiānbǐ (pencil)	gōngzuò (to work)	xiūxi (to rest)
kāichē (to drive a car)	huānyíng (to welcome)	kāishǐ (to start)	shāngdiàn (shop)	qīzi (wife)

ˊ + -	ˊ + ˊ	ˊ + ˇ	ˊ + ˋ	ˊ + °
míngtiān (tomorrow)	xuéxí	yóuyǒng (to swim)	xuéyuàn	shénme
shíjiān (time)	huídá (answer)	píjiǔ (beer)	zázhì (magazine)	míngzi (name)
zuótiān (yesterday)	zúqiú (football)	cídiǎn (dictionary)	cídài (tape)	háizi (child)

7 双音节连读 Practice on disyllabic words

jiàoshì (classroom)
lǐtáng (auditorium)
cāochǎng (playground)
cèsuǒ (rest room)
yīyuàn (hospital)
Hélán (the Netherlands)
Āijí (Egypt)
Yuènán (Vietnam)
Tàiguó (Thailand)
Yìndù (India)

8 多音节连读 Practice on polysyllabic words

túshūguǎn (library)
shíyànshì (laboratory)
bàngōngshì (office)
tǐyùguǎn (gymnasium)
wàishìchù (Foreign Affairs Department)
tíngchēchǎng (parking lot)
Xīnjiāpō (Singapore)
Fēilǜbīn (the Philiphines)
Xīnxīlán (New Zealand)
Àodàlìyà (Australia)
Mǎláixīyà (Malaysia)
Yìndùníxīyà (Indonesia)

四 会话练习 Conversation Practice

● 核心句 KEY SENTENCES

1. Qǐng jìn，qǐng zuò.
2. Wǒ bù zhīdào.
3. Zàijiàn.
4. Qǐngwèn，cāntīng zài nǎr?
5. Xièxie.
6. Búyòng xiè.
7. Duìbuqǐ.
8. Méi guānxi.

（一）【问地点 Asking for directions】

1. 完成下列会话 Complete the following dialogues

1 A：Qǐngwèn，cèsuǒ zài nǎr?

B：________________________.

A：Xièxie.

B：________________________.

2 A：Qǐngwèn，jiàoshì zài nǎr?

B：Duìbuqǐ，________________________.

2. 情景会话 Situational dialogues

In an unfamiliar building:

(1) You are looking for the elevator (电梯, diàntī).

(2) You are looking for Mr. Yang's office.

（二）【找人 Asking for someone】

1. 完成下列会话 Complete the following dialogues

1 A：Qǐngwèn，Lín Nà zài ma?

B：________________________.

A：Tā zài nǎr?

B：Duìbuqǐ，________________________.

A：Méi guānxi. Zàijiàn!

B：________________________.

2 A：________________________?

B：Zài. Qǐng jìn.

2. 看图会话 Make dialogues based on the pictures

1 Xuésheng：______________？

Yáng lǎoshī：____________.

2 Lín Nà：Lìbō zài ma？

Mǎ Dàwéi：____________.

Lín Nà：________________.

Mǎ Dàwéi：____________.

Lín Nà：________________.

Mǎ Dàwéi：____________.

（三）【道歉 Making an apology】

看图会话 Make dialogues based on the pictures

1 A：______________________.

B：______________________.

2 A：______________________.

B：______________________.

（四）【问职业 Asking about someone's occupation】

1. 完成下列会话 Complete the following dialogues

1 A：Nín shì yīshēng ma？

B：Bú shì，wǒ shì ________________.

A：Nín ne？

C：Wǒ yě shì xuésheng， wǒ xuéxí Hànyǔ.

2 A: ________________________?
B: Shì, tā shì wàiyǔ lǎoshī.
A: Nǐ ________________________?
C: Wǒ bú shì wàiyǔ lǎoshī. Wǒ shì ________________________.

五 语音 Phonetics

1 儿化韵 Retroflex ending

The final " er " sometimes does not form a syllable by itself, but is attached to another final to form a retroflex final. A retroflex final is represented by the letter " r " added to the final. In writing, "儿" is added to the character in question, as in "nǎr 哪儿".

2 发音要领 Key points of pronunciation

Initials:

z like "ds" in "beds"
c like "ts" in "cats", with aspiration
s pronounced the same as "s" in "see" in English

Final:

-r (final) like "er" in "sister" (American pronunciation)

六 语法 Grammar

用疑问代词的问句 Questions with an interrogative pronoun

Statements		Questions
Nà shì wǒmen lǎoshī. 那是我们老师。	→	Nà shì shéi? 那是谁?
Wǒ xìng Mǎ. 我姓马。	→	Nǐ xìng shénme? 你姓什么?
Cāntīng zài èr céng. 餐厅在二层。	→	Cāntīng zài nǎr? 餐厅在哪儿?

Tā shì Zhōngguó rén. → Tā shì nǎ guó rén?
她 是 中国 人。 她 是 哪 国 人？

The word order in a question with an interrogative pronoun is the same as that in a declarative sentence. In this kind of sentence, a question pronoun simply replaces the part of the sentence to which the interrogative pronoun corresponds.

七 综合练习 Comprehensive Practice

1 听录音，圈出正确的语音。

Circle the right sound according to what you hear on the CD.

❶	z	c	zh	ch	❻	ün	un	ong	iong
❷	c	ch	s	sh	❼	zi	ci	zhi	chi
❸	zh	sh	s	z	❽	suan	zuan	shuan	zhuan
❹	e	er	en	ei	❾	cai	chai	sai	shai
❺	ua	uan	iang	uang	❿	jun	jiong	zhuan	zhuang

2 听录音，圈出正确的声调。

Circle the right tone according to what you hear on the CD.

❶	sān	sán	sǎn	sàn	❻	guā	guá	guǎ	guà
❷	cī	cí	cǐ	cì	❼	kuāng	kuáng	kuǎng	kuàng
❸	zuān	zuán	zuǎn	zuàn	❽	jūn	jún	jǔn	jùn
❹	ēr	ér	ěr	èr	❾	cēng	céng	cěng	cèng
❺	xiōng	xióng	xiǒng	xiòng	❿	zāi	zái	zǎi	zài

3 听录音，为下列音节标出正确的声调。

Mark the right tones on the following syllables according to what you hear on the CD.

❶ qing ❷ zi ❸ er ❹ si
❺ zuo ❻ qing jin ❼ zaijian ❽ xiaojie
❾ canting ❿ Wang Xiaoyun

4 听对话并完成练习。

Listen to the following dialogues and do the exercises.

1. Choose the correct answers.

   Where is Wang Xiaoyun's dorm? (　　)

   A. 在二层四〇二

   B. 在二层二〇四

   C. 在四层二〇四

2. Decide whether the statements are true (T) or false (F).

   A. 王小云在宿舍。 (　　)

   B. 男士（nánshì，the man）在二层二〇四。 (　　)

   C. 男士在宿舍。 (　　)

5 圈出儿化韵尾。

Circle the retroflex endings.

(1) A. wan le　　B. guanxi　　C. nar　　D. si ceng

(2) A. zhe shi　　B. zher　　C. zhidao　　D. zai ma

6 完成下列句子。

Complete the following sentences.

(1) 林娜不__________宿舍。

(2) 请__________，请__________。

(3) 餐厅__________哪儿？

(4) 对不起，__________来晚了。

7 用所给词造句。

Write sentences with the words given.

(1) 宿舍　　我　　在

____

(2) 哪儿　　在　　餐厅

____

(3) 他　　在　　不

____

(4) 知道　　你　　吗

____

8 把下列句子译成中文。

Translate the following sentences into Chinese.

(1) Where are you?

____

(2) I am here.

____

(3) I know Miss Wang.

____

(4) May I ask where she is?

____

文化知识 Cultural Notes

Chinese Dictionaries

The *Xinhua Zidian* (*New Chinese Dictionary*) and *Xiandai Hanyu Cidian* (*Modern Chinese Dictionary*) are among the most widely used dictionaries in China nowadays. The first is a pocket-sized dictionary, containing over eight thousand entries. The second is a medium-sized dictionary including more than fifty-six thousand entries. The encyclopedic *Cihai* (*Sea of Words*) and the detailed *Ciyuan* (*Sources of Words*) are both large dictionaries, often issued in multi-volume sets. There are also many dictionaries specially designed for international students who want to study Chinese language and culture.

Unlike most dictionaries used in Western countries, in which entries are arranged alphabetically, Chinese dictionaries are organized in a number of different ways. They can be compiled alphabetically (using *pinyin* or another romanization system), by the number of strokes used to write the character in question, or by the radical of the character. Many dictionaries published before the 1920s order their entries according to radical, whereas modern dictionaries are often arranged alphabetically and include radical and stroke-number indexes.

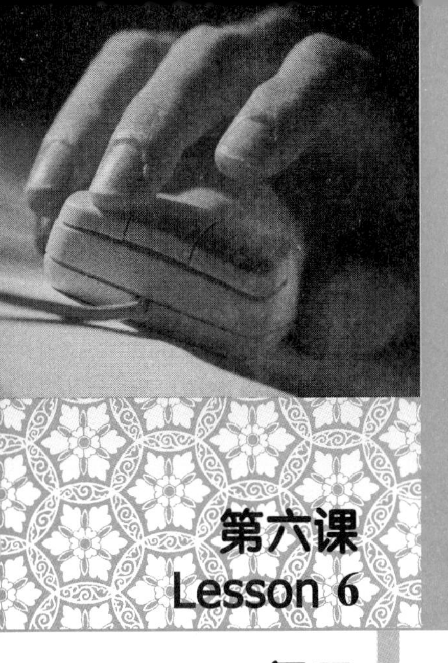

In this lesson, you will learn what to say when you don't understand what another person said. You will also learn how to make suggestions, how to accept or decline suggestions, and how to make comments. This lesson also provides a review of the pronunciation and tones covered so far.

第六课 Lesson 6

复习 Review

Wǒmen qù yóuyǒng, hǎo ma
我们 去 游泳，好 吗

一 课文 Text

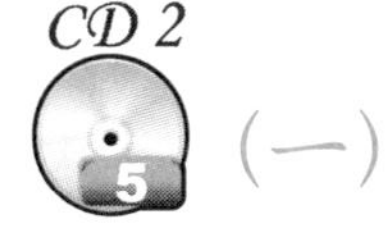

(一)

【评论】 Making comments

Wáng Xiǎoyún: Lín Nà, zuótiān de jīngjù zěnmeyàng? ①
王小云：林 娜， 昨天 的 京剧 怎么样？

Lín Nà: Hěn yǒu yìsi. Jīntiān tiānqì hěn hǎo, wǒmen qù yóuyǒng, hǎo ma? ②
林娜：很 有意思。今天 天气 很 好， 我们 去 游泳， 好 吗？

【建议】 Making suggestions

Wáng Xiǎoyún: Tài hǎo le! Shénme shíhou qù? ③
王小云：太 好 了！ 什么 时候 去？

Lín Nà: Xiànzài qù, kěyǐ ma? ④
林娜：现在 去，可以 吗？

Wáng Xiǎoyún: Kěyǐ.
王小云：可以。

生词 New Words

1	qù	V	去	to go
2	yóuyǒng	VO	游泳	to swim
3	zuótiān	N	昨天	yesterday
4	jīngjù	N	京剧	Beijing opera
5	zěnmeyàng	QPr	怎么样	How is it?
6	yǒu yìsi	IE	有意思	interesting
7	jīntiān	N	今天	today
	tiān	N	天	day
8	tiānqì	N	天气	weather
9	tài	Adv	太	too, extremely
10	shíhou	N	时候	time, moment
11	xiànzài	N	现在	now

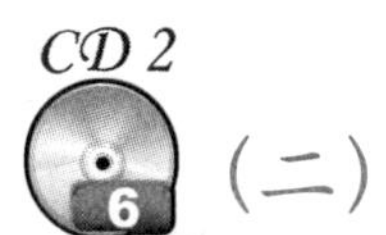

(二)

Dīng Lìbō: Yáng lǎoshī, míngtiān nín yǒu shíjiān ma?[5]
丁力波：杨 老师，明天 您 有 时间 吗？

Yáng lǎoshī: Duìbuqǐ, qǐng zài shuō yí biàn.[6]
杨老师：对不起，请 再 说 一 遍。

Asking someone to repeat something

Dīng Lìbō: Míngtiān nín yǒu shíjiān ma?
丁力波：明天 您 有 时间 吗？

Wǒmen qù dǎ qiú, hǎo ma?
我们 去 打 球，好 吗？

Yáng lǎoshī：Hěn bàoqiàn, míngtiān wǒ hěn máng, kǒngpà bù xíng. ⑦
杨老师：很 抱歉， 明天 我 很 忙， 恐怕 不 行。
Xièxie nǐmen.
谢谢 你们。

【婉拒】
Refusing or declining politely

生词 New Words

1	míngtiān	N	明天	tomorrow
2	yǒu	V	有	to have
3	shíjiān	N	时间	time
4	shuō	V	说	to say, to speak
5	biàn	M	遍	number of times (of action)
6	dǎ qiú	V O	打球	to play ball games
	dǎ	V	打	to play
	qiú	N	球	ball
7	bàoqiàn	A	抱歉	sorry
8	kǒngpà	Adv	恐怕	afraid that...
9	xíng	V	行	to be OK
10	nǐmen	Pr	你们	you (pl.)

二 注释 Notes

① Zuótiān de jīngjù zěnmeyàng?

"How was yesterday's Beijing opera?"

"……zěnmeyàng?" is an expression commonly used to ask for someone's opinion. Among the roughly 300 forms of opera in China, Beijing opera has enjoyed the greatest popularity and has the most extensive influence. As a unique art form representing Chinese culture, it is loved by many people all over the world.

② Wǒmen qù yóuyǒng, hǎo ma?

"Shall we go swimming?"

"……, hǎo ma?" is a pattern used when making a suggestion.

③ Tài hǎo le! Shénme shíhou qù?

"That's great! When are we going?"

"Tài hǎo le! (太好了!)" is an expression used to express satisfaction and approval. It is also used to express happy agreement with a suggestion. You may also use "hǎo (好)" or "xíng (行)" as a response.

④ Xiànzài qù, kěyǐ ma?

"Is it OK to go right now?"

"……, kěyǐ ma?" is another expression used to make a suggestion. If you agree with a suggestion, you may say "kěyǐ (可以)" or "hǎo (好)".

⑤ Míngtiān nín yǒu shíjiān ma?

"Do you have time tomorrow?"

⑥ Qǐng zài shuō yí biàn.

"Pardon? Would you say it again?"

This phrase is used when the speaker's words were not heard clearly and you would like him / her to repeat.

⑦ Hěn bàoqiàn, míngtiān wǒ hěn máng, kǒngpà bù xíng.

"I'm sorry, but I'll be very busy tomorrow. I'm afraid I can't."

"kǒngpà bù xíng" is a phrase to express a polite refusal.

三 语音复习 Review of Pronunciation

CD 2

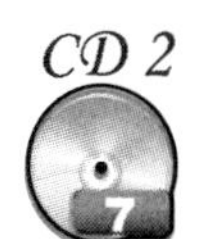

1 拼音 Pinyin

zhī	chī	zī	cī	zān	cāng	jīn	qīng
jū	qū	gū	kū	zhā	chā	zū	cū
bēn	pēng	tān	dāng	gē	kē	jī	qī
zhōng	chōng	gān	kāng				

2 四声 The four tones

yōu	yóu	yǒu	yòu	
yōng		yǒng	yòng	yóuyǒng
zuō	zuó	zuǒ	zuò	
tiān	tián	tiǎn	tiàn	zuótiān
jīn		jǐn	jìn	jīntiān
	míng	mǐng	mìng	míngtiān
qī	qí	qǐ	qì	tiānqì
xiān	xián	xiǎn	xiàn	xiànzài
jīng		jǐng	jìng	
jū	jú	jǔ	jù	jīngjù
bāo	báo	bǎo	bào	
qiān	qián	qiǎn	qiàn	bàoqiàn
kōng		kǒng	kòng	kǒngpà
xīng	xíng	xǐng	xìng	bù xíng

3 辨音 Sound discrimination

jiǔ —— xiǔ	sī —— shī	cùn —— zùn
qì —— jì	duì —— tuì	guǎn —— juǎn

4 辨调 Tone discrimination

wáng —— wàng kàn —— kǎn gōng —— gòng
sān —— sǎn shēn —— shèn guāi —— guǎi

5 声调组合 Combination of tones

ˇ + ˉ	ˇ + ˊ	ˇ + ˇ	ˇ + ˋ	ˇ + ˙
lǎoshī	yǔyán	kěyǐ	kǒngpà	jiějie
yǔyīn (pronunciation)	dǎ qiú	yǔfǎ (grammar)	qǐngwèn	zěnme (how)
xiǎoshuō (novel)	qǐchuáng (to get up)	fǔdǎo (coach)	nǚshì (Madam)	yǐzi (chair)

ˋ + ˉ	ˋ + ˊ	ˋ + ˇ	ˋ + ˋ	ˋ + ˙
shàng bān (to go to work)	sì céng	wàiyǔ	bàoqiàn	xièxie
qìchē (car)	kèwén (text)	diànyǐng (movie)	huìhuà (conversation)	mèimei (younger sister)
lùyīn (recording)	fùxí (to review)	diànnǎo (computer)	Hànzì (Chinese character)	kèqi

6 双音节连读 Practice on disyllabic words

duànliàn (to have physical training)
chīfàn (to eat a meal)
shàngkè (to have lessons)
xiàkè (class is over)
chànggē (to sing a song)
tiàowǔ (to dance)
xǐzǎo (to take a bath)
shuìjiào (to sleep)

7 多音节连读 Practice on polysyllabic words

shuō Hànyǔ (to speak Chinese)
niàn shēngcí (to read the new words)
xiě Hànzì (to write Chinese characters)
tīng lùyīn (to listen to the recording)
kàn lùxiàng (to watch the video)
zuò liànxí (to do exercises)
fānyì jùzi (to translate a sentence)
yòng diànnǎo (to use a computer)

四 会话练习 Conversation Practice

● 核心句 KEY SENTENCES

1. Zuótiān de jīngjù zěnmeyàng?
2. Jīntiān tiānqì hěn hǎo, wǒmen qù yóuyǒng, hǎo ma?
3. Tài hǎo le! Shénme shíhou qù?
4. Xiànzài qù, kěyǐ ma?
5. Kěyǐ.
6. Míngtiān nín yǒu shíjiān ma?
7. Duìbuqǐ, qǐng zài shuō yí biàn.
8. Hěn bàoqiàn, kǒngpà bù xíng.

(一) 【评论 Making comments】

看图会话 Make dialogues based on the pictures

1 A：Qǐngwèn， zhè shì shénme?

B：Zhè shì wǔshù.

A：Wǔshù zěnmeyàng?

B：________________.

2 A：Zhè shì shénme?

B：Zhè shì xióngmāo.

A：Xióngmāo zěnmeyàng?

B：________________.

（二）【建议 Making suggestions; 婉拒 Refusing or declining politely】

看图会话 Make dialogues based on the pictures

1 A: ________________, hǎo ma?

B: Tài hǎo le! ________________?

A: ________________, kěyǐ ma?

B: ________________.

2 A: ________________, hǎo ma?

B: Shénme shíhou qù?

A: ________________, kěyǐ ma?

B: Duìbuqǐ, ____________, ____________.

A: Méi guānxi.

(tiàowǔ, dance)

（三）【请求重复 Asking someone to repeat】

看图会话 Make a dialogue based on the picture

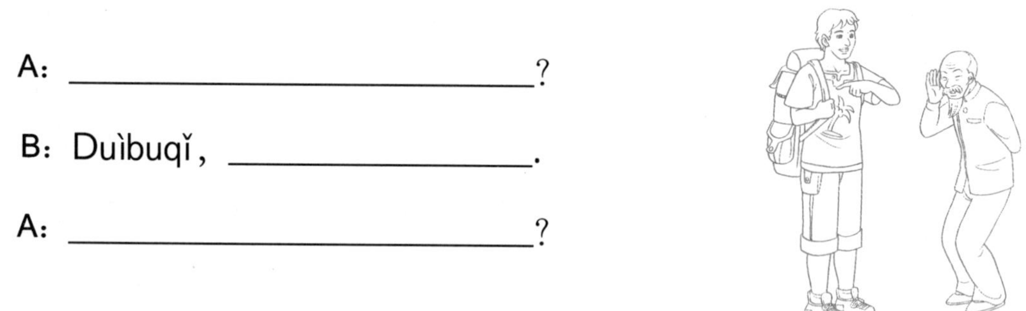

A: ________________________?

B: Duìbuqǐ, ________________.

A: ________________________?

（四）【模仿下面的会话进行练习 Imitate the following dialogues】

1 A: Nín hǎo!

B: Nín hǎo!

A: Qǐngwèn, nín guìxìng?

B: Wǒ xìng Lǐ, jiào Mǎlì. Qǐngwèn, nín xìng shénme?

A: Wǒ xìng Sòng, jiào Sòng Huá. Nín shì nǎ guó rén?

B：Wǒ shì Měiguó rén，shì Běijīng Dàxué (Peking University) de xuésheng.

A：Rènshi nín hěn gāoxìng.

B：Rènshi nín，wǒ yě hěn gāoxìng.

2 A：Lìbō，nǐ hǎo ma?

B：Wǒ hěn hǎo. Sòng Huá，nǐ ne?

A：Wǒ hěn máng. Nǐ wàipó hǎo ma?

B：Xièxie，tā hěn hǎo. Nǐ bàba、māma dōu hǎo ma?

A：Tāmen dōu hěn hǎo. Mǎlì，zhè shì wǒ péngyou，Dīng Lìbō.

B：Nǐ hǎo.

A：Zhè shì Mǎlì.

C：Nǐ hǎo. Wǒ jiào Mǎlì，shì Běijīng Dàxué de xuésheng. Wǒ xuéxí Hànyǔ. Qǐngwèn，nǐ shì Měiguó rén ma?

B：Bú shì，wǒ shì Jiānádà rén.

3 A：Tā shì shéi?

B：Tā shì wǒmen lǎoshī.

A：Tā shì Zhōngguó rén ma?

B：Tā shì Zhōngguó rén. Tā xìng Chén.

A：Nà shì shéi?

B：Tā jiào Lù Yǔpíng.

A：Tā yě shì lǎoshī ma?

B：Tā bú shì lǎoshī. Tā shì jìzhě.

4 A：Xiānsheng，qǐngwèn，bàngōngshì zài nǎr?

B：Zài wǔ céng.

A：Chén lǎoshī zài ma?

B：Shéi? Duìbuqǐ，qǐng zài shuō yí biàn.

A：Chén Fāngfāng lǎoshī zài ma?

B：Tā zài.

A：Xièxie.

B：Bú xiè.

5 A：Kěyǐ jìnlai ma?

B：Wáng xiānsheng, nín hǎo. Qǐng jìn, qǐng zuò.

A：Duìbuqǐ, wǒ lái wǎn le.

B：Méi guānxi. Nín yào kāfēi ma?

A：Wǒ bú yào. Xièxie. Míngtiān wǒmen qù kàn jīngjù, hǎo ma?

B：Duìbuqǐ, míngtiān wǒ hěn máng, kǒngpà bù xíng.

五 语 音 Phonetics

1 "一"的变调 Tone sandhi of "一"

Normally "一" is pronounced in the first tone when it stands by itself, at the end of a word, phrase or sentence, or when it is used as an ordinal number. However, "一" is pronounced in the fourth tone when it precedes a first tone, second tone or third tone syllable. It is read in the second tone when it precedes a fourth tone.

yī + { ˉ / ˊ / ˇ } → yì + { ˉ / ˊ / ˇ }

- ˉ For example: yì bēi (a cup of)
- ˊ For example: yì píng (a bottle of)
- ˇ For example: yì zhǒng (a type of)

yī + ˋ → yí + ˋ For example: yí biàn (one time)

2 普通话声母韵母拼合总表

Table of combinations of initials and finals in common speech

There are more than 400 meaningful syllables in the common speech of modern Chinese. If we add the four tones to these, we can distinguish more than 1, 200 syllables. The syllables covered from Lesson 1 to Lesson 6 are shown in the table on the next page.

六 语 法 Grammar

动词谓语句 Sentences with a verbal predicate

The main part of the predicate in a sentence with a verbal predicate is a verb. The object usually follows the verb. One of its negative forms is made by placing the adverb "不" before the verb.

Subject	Predicate			
	Adv	V	O	吗(ma)?
Nǐ 你		yào 要	kāfēi 咖啡	ma? 吗?
Wǒmen 我们	dōu 都	xuéxí 学习	Hànyǔ. 汉语。	
Cāntīng 餐厅		zài 在	nǎr? 哪儿?	
Wǒ 我	bù 不	zhīdào. 知道。		
Wǒ 我		xìng 姓	Lù. 陆。	
Tā 她		jiào 叫	Lín Nà. 林娜。	
Nín 您	míngtiān 明天	yǒu 有	shíjiān 时间	ma? 吗?

七 综合练习 Comprehensive Practice

1 听录音，圈出正确的语音。

Circle the right sound according to what you hear on the CD.

① b	p	d	t	g	k
② z	c	zh	ch	j	q
③ f	h	s	sh	x	r
④ c	x	j	z	s	q
⑤ an	ian	ao	iao	ai	uai
⑥ ün	uen	in	ing	ong	iong

⑦ pei	bei	kei	dei	⑩ bo	duo	po	tuo
⑧ zao	sao	jiao	xiao	⑪ xiong	qing	xiang	jing
⑨ shen	zhen	sheng	zheng	⑫ gou	duo	kou	tuo

2 听录音，圈出正确的声调。

Circle the right tone according to what you hear on the CD.

① cūn	cún	cǔn	cùn	⑥ qīng	qíng	qǐng	qìng
② sī	sí	sǐ	sì	⑦ pāo	páo	pǎo	pào
③ jiū	jiú	jiǔ	jiù	⑧ xiōng	xióng	xiǒng	xiòng
④ gōng	góng	gǒng	gòng	⑨ dōu	dóu	dǒu	dòu
⑤ yū	yú	yǔ	yù	⑩ zuō	zuó	zuǒ	zuò

3 听录音，为下列音节标出正确的声调。

Mark the right tones on the following syllables according to what you hear on the CD.

① dui	② jiu	③ xi	④ lao	⑤ peng
⑥ xianzai	⑦ shijian	⑧ tai mang	⑨ you yisi	⑩ mingtian qu

4 听对话并完成练习。

Listen to the following dialogue and do the exercises.

(1) Choose the correct answers.

他们现在去游泳吗？（　　）

A. 他们现在去。

B. 他们明天去。

C. 他们今天去。

明天天气好吗？（　　）

A. 明天天气不好。

B. 明天天气很好。

C. 今天天气很好。

(2) Decide whether the statements are true (T) or false (F).

A. 马大为明天去游泳。 (　　)

B. 宋华现在不忙。 (　　)

C. 马大为明天很忙。 (　　)

D. 他们明天去游泳。 (　　)

5 圈出"一"的变调，注意在每一组里"一"的变调可能不止出现一次。

Circle the tone sandhis of "一". Note that in each group, the tone sandhi of "一" may appear more than once.

(1) A. yi　　B. yi biàn　　C. yi tiān　　D. wéiyi

(2) A. yi, èr　　B. yi běn　　C. dì yi　　D. yizhí

6 读下列音节，注意发音。

Read the following syllables and pay attention to the pronunciation.

(1) The tones

Zhōngguó	中国	miànbāo	面包
Měiguó	美国	nǎilào	奶酪
Éluósī	俄罗斯	huǒtuǐcháng	火腿肠
Rìběn	日本	sānmíngzhì	三明治
Zhōngwén	中文	Màidāngláo	麦当劳
Fǎwén	法文	Kěndéjī	肯德基
Déwén	德文	dǎ qiú	打球
Rìwén	日文	huáxuě	滑雪
Yīngyǔ	英语	yóuyǒng	游泳
Fǎyǔ	法语	qíchē	骑车
Déyǔ	德语	tī zúqiú	踢足球
Hànyǔ	汉语	dǎ lánqiú	打篮球
hànbǎo	汉堡	dǎ wǎngqiú	打网球
huángyóu	黄油	dǎ páiqiú	打排球

(2) The neutral tone.

shūshu	叔叔	mùtou	木头
mǔqin	母亲	yīfu	衣服
yéye	爷爷	bùfen	部分
qīzi	妻子	wěiba	尾巴
jiějie	姐姐	bèizi	被子
xiānsheng	先生	qīngchu	清楚
péngyou	朋友	juéde	觉得
xuésheng	学生	xǐhuan	喜欢
kèren	客人	xiàohua	笑话
rénjia	人家	shúxi	熟悉
biéren	别人	máfan	麻烦
yìsi	意思	xièxie	谢谢
shíhou	时候	piàoliang	漂亮

(3) The retroflex ending.

dōngbianr	东边儿	xiàbianr	下边儿
xībianr	西边儿	lǐbianr	里边儿
nánbianr	南边儿	wàibianr	外边儿
běibianr	北边儿	zuǒbianr	左边儿
qiánbianr	前边儿	yòubianr	右边儿
hòubianr	后边儿	pángbiānr	旁边儿
shàngbianr	上边儿	duìmiànr	对面儿

7 选择正确的汉字填空。

Fill in the blanks with the correct characters.

(1) 林娜不____宿舍。

A. 再　　B. 在　　C. 坐

(2) 这是他朋____。

A. 友　　B. 有　　C. 汉

(3) ____是他们的外语老师？

A. 识　　B. 认　　C. 谁

(4) 他很忙，我不____忙。

A. 大　　B. 太　　C. 天

8 完成下列句子。

Complete the following sentences.

(1) 林娜有________游泳。

(2) 昨天的京剧很________。

(3) 今天________很好。

(4) 对不起，我很________。

9 用所给词造句。

Write sentences with the words given.

(1) 今天　时间　我　有

____

(2) 谢　用　不

____

(3) 时候　我们　去　什么

____

(4) 很　他　忙

____

10 用汉语拼音翻译下列句子。

Translate the following sentences into Chinese *pinyin*.

(1) It is a nice day today.

____

(2) Great!

____

(3) It is very interesting.

____

(4) I am afraid that I cannot go swimming now.

____

文化知识 Cultural Notes

Beijing Opera

Beijing opera is a branch of traditional Chinese musical drama. It took shape in Beijing about 150 years ago and has been popular ever since. Beijing opera is a theatrical art synthesizing recitation, instrumental music, singing, dancing, acrobatics and martial arts, and featuring symbolic motions and stage design. The highly formulaic and suggestive movements of the actors are accompanied by the rhythmic beats of gongs and drums, or the haunting melodies of traditional instruments. All contribute to its uniqueness as a performing art. Beijing opera is rooted deeply in Chinese culture and still appeals strongly to many Chinese.

Today, Beijing opera can be enjoyed at Mei Lanfang Grand Theater, Chang'an Theater, or any of several other theaters in Beijing. Foreigners can also learn a bit about Beijing opera through the Chinese film *Farewell My Concubine*.

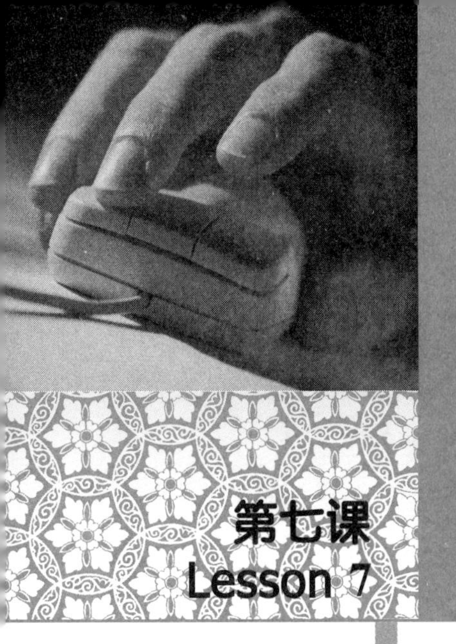

第七课
Lesson 7

From this lesson on, apart from continuing to work on improving your Chinese pronunciation, you will learn how to talk about everyday situations using a greater variety of Chinese expressions than before. You will experiment with a larger number of Chinese sentences, and will further explore the culture, customs, and habits of Chinese-speaking peoples. This lesson will help you with making acquaintances, discussing your studies, and asking questions in a new way.

Nǐ rènshi bu rènshi tā
你认识不认识他

一 课文 Text

CD 2

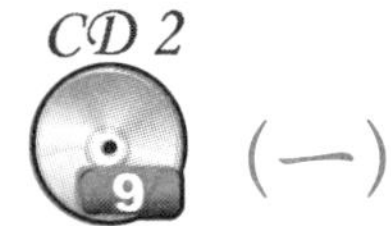

（一）

Lín Nà: Lìbō, míngtiān kāixué, wǒ hěn gāoxìng. Nǐ kàn, tā
林娜：力波，明天开学，我很高兴。你看，他

shì bu shì wǒmen xuéyuàn de lǎoshī?
是不是我们学院的老师？

Dīng Lìbō: Wǒ wèn yíxià. Qǐngwèn, nín shì wǒmen xuéyuàn
丁力波：我问一下。[1] 请问，您是我们学院

de lǎoshī ma?
的老师吗？[2]

Zhāng jiàoshòu: Shì, wǒ shì Yǔyán Xuéyuàn de lǎoshī.
张教授：是，我是语言学院的老师。

Dīng Lìbō: Nín guìxìng?
丁力波：您贵姓？

Zhāng jiàoshòu: Wǒ xìng Zhāng, wǒmen rènshi yíxià, zhè shì wǒ de míngpiàn.
张教授：我 姓 张，我们 认识 一下，这 是 我 的 名片。

【初次见面】
Meeting someone for the first time

Dīng Lìbō: Xièxie. À, nín shì Zhāng jiàoshòu. Wǒ jiào Dīng Lìbō, tā jiào Lín Nà. Wǒmen dōu shì Yǔyán Xuéyuàn de xuésheng.
丁力波：谢谢。（看名片）啊，您 是 张 教授。[3] 我 叫 丁 力波，她 叫 林 娜。我们 都 是 语言 学院 的 学生。

张介元
教授
语言学院经济系
地址：语言学院 26 楼 301 号
电话：62257892

Lín Nà: Nín shì Yǔyán Xuéyuàn de jiàoshòu, rènshi nín, wǒmen hěn gāoxìng.
林娜：您 是 语言 学院 的 教授，认识 您，我们 很 高兴。

Zhāng jiàoshòu: Rènshi nǐmen, wǒ yě hěn gāoxìng. Nǐmen dōu hǎo ma?
张教授：认识 你们，我 也 很 高兴。你们 都 好 吗？

Lín Nà: Xièxie, wǒmen dōu hěn hǎo. Zhāng jiàoshòu, nín máng bu máng?
林娜：谢谢，我们 都 很 好。张 教授，您 忙 不 忙？

Zhāng jiàoshòu: Wǒ hěn máng. Hǎo, nǐmen qǐng zuò, zàijiàn!
张教授：我 很 忙。好，你们 请 坐，再见！

Dīng Lìbō:
丁力波：
Lín Nà:
林娜：
Zàijiàn!
再见！

生词 New Words

1	开学	VO	kāixué	(of a school) to begin
	开	V	kāi	to open, to start
2	看	V	kàn	to watch, to look at 看老师，看这儿
3	问	V	wèn	to ask 问老师，问朋友
4	一下	Nu-M	yíxià	(used after a verb to indicate a short, quick, random, informal action) 介绍一下，认识一下，问一下，看一下
5	名片	N	míngpiàn	business card 我的名片，老师的名片
6	啊	Int	à	ah, oh
7	教授	N	jiàoshòu	professor
8	张	PN	Zhāng	(a surname)

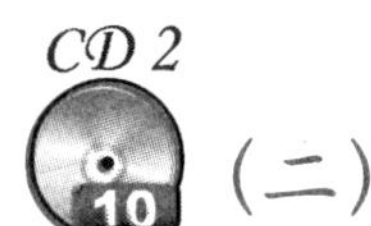

（二）

Dīng Lìbō: Lín Nà, nà shì shéi?
丁力波：林 娜，那 是 谁？

Lín Nà: Nà shì Mǎ Dàwéi. Nǐ rènshi bu rènshi tā?
林娜：那 是 马 大为。 你 认识 不 认识 他？

Dīng Lìbō: Wǒ bú rènshi tā.
丁力波：我 不 认识 他。

Lín Nà: Wǒ lái jièshào yíxià. Nǐ hǎo, Dàwéi, zhè shì wǒ péngyou—
林娜：我 来 介绍 一下。 你 好， 大为， 这 是 我 朋友——

Dīng Lìbō: Nǐ hǎo! Wǒ xìng Dīng, jiào Dīng Lìbō. Qǐngwèn, nǐ jiào shénme míngzi?
丁力波：你好！我姓丁，叫丁力波。请问，你叫什么名字？④

Mǎ Dàwéi: Wǒ de Zhōngwén míngzi jiào Mǎ Dàwéi. Nǐ shì bu shì Zhōngguó rén?
马大为：我的中文名字叫马大为。⑤你是不是中国人？

Dīng Lìbō: Wǒ shì Jiānádà rén. Wǒ māma shì Zhōngguó rén, wǒ bàba shì Jiānádà rén. Nǐ shì nǎ guó rén?
丁力波：我是加拿大人。我妈妈是中国人，我爸爸是加拿大人。你是哪国人？

Mǎ Dàwéi: Wǒ shì Měiguó rén. Nǐ xuéxí shénme zhuānyè?
马大为：我是美国人。你学习什么专业？

Dīng Lìbō: Wǒ xuéxí měishù zhuānyè. Nǐ ne?
丁力波：我学习美术专业。你呢？

【谈专业】
Talking about one's major

Mǎ Dàwéi: Wǒ xuéxí wénxué zhuānyè. Xiànzài wǒ xuéxí Hànyǔ.
马大为：我学习文学专业。现在我学习汉语。

Lín Nà: Xiànzài wǒmen dōu xuéxí Hànyǔ, yě dōu shì Hànyǔ xì de xuésheng.
林娜：现在我们都学习汉语，也都是汉语系的学生。

生词 New Words

1	介绍	V	jièshào	to introduce 介绍林娜，介绍语言学院
2	名字	N	míngzi	name 你的名字，叫什么名字

3	中文	N	Zhōngwén	Chinese 中文名字，中文名片
4	专业	N	zhuānyè	major, speciality 中文专业，汉语专业，语言专业
5	美术	N	měishù	fine arts 学习美术，美术专业
	美	A	měi	beautiful
6	文学	N	wénxué	literature 中国文学，文学专业
7	系	N	xì	faculty, department 汉语系，语言系，中文系

补充生词 Supplementary Words

1.	物理	N	wùlǐ	physics
2.	化学	N	huàxué	chemistry
3.	数学	N	shùxué	mathematics
4.	音乐	N	yīnyuè	music
5.	历史	N	lìshǐ	history
6.	哲学	N	zhéxué	philosophy
7.	经济	N	jīngjì	economy
8.	教育	N	jiàoyù	education
9.	选修	V	xuǎnxiū	to take an elective course
10.	文化	N	wénhuà	culture

二 注 释 Notes

① 我问一下。

"一下" is used after a verb to indicate that an action is of short duration, or indicate an attempt. It can soften the tone of an expression so that it sounds less formal. For example: "认识一下", "介绍一下", "去一下", "进来一下", "说一下", "坐一下".

"我来介绍一下" and "我们认识一下" are expressions commonly used when people meet each other for the first time.

② 您是我们学院的老师吗？

To indicate the place or organization where one works, plural pronouns are often used as modifiers. For example, the following phrases are used: "他们学院", "你们系", "我们国家 (guójiā, country) ", rather than "他学院", "你系", "我国家".

③ 啊，您是张教授。

"啊" is read in the fourth tone, indicating a sudden understanding or expressing admiration.

④ 你叫什么名字？

This is a casual way to ask someone's name, applicable to an adult talking with a child, or used among youngsters. The answer is usually one's full name. For example: "我叫丁力波". You may also answer by giving your surname first, and then your full name. For example: "我姓丁，叫丁力波".

⑤ 我的中文名字叫马大为。

A noun can be placed directly before a noun as its attributive modifier. For example: "中文名字", "汉语老师", "中国人". To render a non-Chinese name into Chinese, we may choose two or three characters based on the pronunciation or meaning of the original name. David March, for example, may be rendered into Chinese as "马大为", and Natalie Lynn as "林娜"; the surname "White" can be translated as "白", and a girl by the name of Amy can be called "爱美". Both "中文"

and "汉语" refer to the Chinese language. "中文" has a broader meaning, referring to the Chinese language in both its written and spoken forms. Originally, "汉语" referred only to the spoken language of the Han people. Today, it is often used to refer to both the written and spoken forms of the Han language. These words are now used interchangeably by most people.

 三 练习与运用 Drills and Practice

● 核心句 KEY SENTENCES

1. 他是不是我们学院的老师?
2. 你认识不认识他?
3. 我来介绍一下。
4. 我的中文名字叫马大为。
5. 你学习什么专业?
6. 我学习美术专业。你呢?
7. 现在我们都学习汉语,也都是汉语系的学生。

1 熟读下列词组 Read the following phrases until you learn them by heart

(1) 看一下　说一下　介绍一下　认识一下　学习一下

(2) 认识不认识　介绍不介绍　学习不学习
是不是　看不看　问不问　要不要　在不在　去不去　说不说

(3) 我爸爸　你妈妈　我朋友　她男朋友　我们老师　你们学院

(4) 我的名片　他的名字　我们学院的老师　语言学院的学生　中文系的教授

(5) 中国人　俄罗斯人　英国人　法国人　德国人　日本人
男朋友　女朋友　男老师　女老师　男(学)生　女(学)生
男人　女人

2 句型替换 Pattern drills

（1）A：那是谁？
B：那是我朋友。
A：他/她姓什么？
B：他/她姓马。

她男朋友	张
加拿大学生	丁
英国小姐	林

（2）A：谁是王小姐？
B：他/她是王小姐。
A：王小姐叫什么名字？
B：王小姐叫王玉文。

王医生	王大中
张老师	张林生
林小姐	林娜

（3）A：他/她是你们老师吗？
B：他/她不是我们老师，
他/她是我朋友。

你妈妈	我们老师
中文老师	美术老师
张教授	杨老师

（4）A：你是不是中国人？
B：不是，我是加拿大人。
A：他也是加拿大人吗？
B：是，他也是加拿大人。

美国	俄罗斯
英国	法国
日本	中国

（5）A：这是不是你的照片？
B：这不是我的照片。
A：这是谁的照片？
B：这是她的照片。

丁力波	马大为
张教授	王医生
你们老师	他们老师

（6）A：你认识不认识马大为？
B：我认识马大为。
A：他/她是哪国人？
B：他/她是美国人。

林小姐	英国
王医生	中国
白教授	加拿大

（7）A：他不是汉语系的学生，她呢？
B：她也不是汉语系的学生。
A：谁是汉语系的学生？
B：张小姐是汉语系的学生。

是语言学院的教授
忙
学习物理(wùlǐ)

（8）A：你的专业是不是汉语？
B：不是。
A：你学习什么专业？
B：我学习美术专业，你呢？
A：我学习文学专业。

数学(shùxué)	历史(lìshǐ)
化学(huàxué)	哲学(zhéxué)
音乐(yīnyuè)	经济(jīngjì)

3 看图造句 Make sentences according to the pictures

1

他是学生，她也是学生。
他们都是学生。

他是老师，她______老师。
他们__________老师。

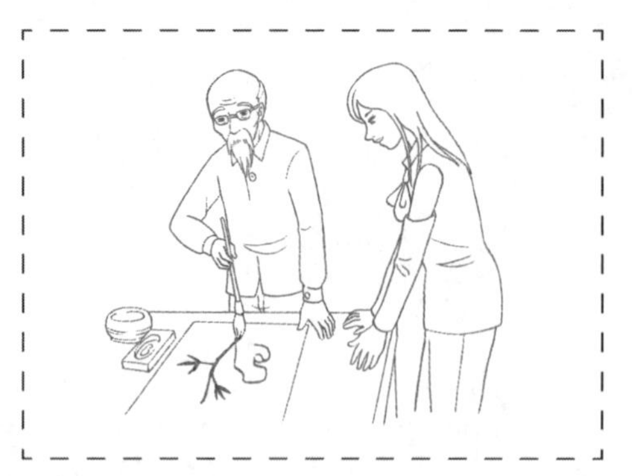

他不是英国人，她_____英国人。 她们是中国人，她_____中国人。

他们_________英国人。 她们_________中国人。

2

A：今天天气好不好？ A：他_________？ A：他_________？

B：今天天气很好。 B：他很忙。 B：他不高兴。

4 会话练习 Conversation Practice

【初次见面 Meeting someone for the first time】

（1）A：请问，您贵姓？

B：我姓___________，叫___________。您呢？

A：我叫_________________。这是我的名片。

B：谢谢。

（2）A：我们认识一下。我叫________________。你叫什么名字？

B：我叫 David March。我的中文名字叫马大为。

（3）A：请问，您是哪国人？

B：我是________________。你呢？

A：我是________________。

（4）A：请问，您是不是中国人？

B：我不是________________，我是________________。

（5）A：我介绍一下，这是________，他是_______国人，是_______。

这是__________，她是___________国人，是____________。

B：认识你很高兴。

C：__________________。

（6）你们好！我姓丁，叫丁力波，是加拿大人。我的专业是美术。现在我学习汉语，是语言学院汉语系的学生。认识你们，我很高兴。

【谈专业　Talking about one's major】

（1）A：请问，你是不是汉语系的学生？

B：我是汉语系的学生。你学习什么专业？

A：我学习教育（jiàoyù）专业。你哥哥的专业是什么？

B：我哥哥的专业是___________________。

（2）A：你们明天开学吗？

B：我们明天开学。

A：你的专业是不是汉语？

B：不是，我的专业是美术。

A：你选修（xuǎnxiū）什么？

B：我选修中国文化（wénhuà）。

5 交际练习 Communication exercises

(1) You come across a student whom you don't know. How do you carry out a conversation with him / her in order to know more about him / her?

(2) Two of your friends do not know each other. How do you introduce them to each other?

(3) How do you introduce yourself in a meeting?

(4) How do you ask about your new friend's major?

学生登记表 Student's Registration Form

姓名 name	性别 sex	年龄 age	国籍 nationality	学院/系
丁力波	男	21	加拿大	语言学院汉语系
林娜	女	20	英国	语言学院汉语系
马大为	男	22	美国	语言学院汉语系

四 阅读与复述 Reading Comprehension and Paraphrasing

他们是不是学生？

是，他们都是语言学院的学生。你不认识他们，我介绍一下。他们都有中国姓，有中文名字。这是林娜，她是英国人。他是美国人，他姓马，他的中文名字很有意思，叫大为。他叫丁力波，爸爸是加拿大人，妈妈是中国人，他是加拿大人。马大为的专业是文学，丁力波的专业是美术。现在他们都学习汉语。

那是语言学院的汉语老师：女老师姓陈，男老师姓杨。他们都是汉语系的老师，也都是中国人。张教授也是语言学院的老师，他很忙。你看，这是张教授的名片。

王小姐不是老师，她是语言学院的医生。

五 语 法 Grammar

1. 表领属关系的定语 Attributives expressing possession

In Chinese, an attributive must be placed before the word it modifies. When a pronoun or a noun is used as an attributive to express possession, the structural particle "的" is usually required.

NP / Pr + 的 + N

我 的 名片

哥哥 的 咖啡

语言学院 的 老师

When a personal pronoun functions as an attributive and the modified word is a noun referring to a relative or the name of a work unit, the "的" between the attributive and the word it modifies may be omitted. For example: "我妈妈", "你爸爸", "他们家", "我们学院".

2. 正反疑问句 V / A-not-V / A questions

A question can also be formed by juxtaposing the affirmative and negative forms of the main element of the predicate (verb or adjective) in a sentence.

V / A + 不 + V / A + O

Subject	Predicate		
	V / A	不 V / A	O
你	忙	不 忙?	
你们	认识	不认识	他?
力波	是	不是	中国人?

The response to such a question may be a complete sentence (affirmative or negative) or a sentence with its subject or object omitted. One may respond with "是" (affirmative answer) or "不是" (negative answer) at the beginning of an answer to a "是不是" question. For example:

（1）（我）忙。　　　　（我）不忙。

（2）（我们）认识（他）。　（我们）不认识（他）。

（3）（陆雨平）是中国人。　是，陆雨平是中国人。

（力波）不是中国人。　不是，力波不是中国人。

3. 用“呢”构成的省略式问句 Abbreviated questions with “呢”

An abbreviated question with “呢” is made by adding “呢” directly after a pronoun or a noun. The meaning of the question, however, must be clearly indicated in the previous sentence.

Pr / NP + 呢?

我很好，你呢？　（你呢？　= 你好吗？）

你不忙，你男朋友呢？　（你男朋友呢？ = 你男朋友忙吗？）

你是加拿大人，他呢？　（他呢？　= 他是加拿大人吗？）

林娜学习汉语，马大为呢？　（马大为呢？　= 马大为学习汉语吗？）

4. “也”和“都”的位置 The position of the adverbs “也” and “都”

The adverbs “也” and “都” must occur after the subject and before the predicative verb or adjective. For example: “她也是加拿大人”, “他们都是加拿大人”. One cannot say “也她是加拿大人”, “都他们是加拿大人”.

If both “也” and “都” modify the predicate, “也” must be put before “都”.

也 / 都 + V / A

Subject	Predicate	
	Adv	V / A
丁力波		是加拿大人。
丁力波		认识他。
丁力波	很	忙。
她	也	是加拿大人。
她	也	认识他。
她	也很	忙。

他们	都	是加拿大人。
他们	都	认识他。
他们	都很	忙。
我们	也都	是加拿大人。
我们	也都	认识他。
我们	也都很	忙。

In a negative sentence, "也" must occur before "不". "都" may be put before or after "不", but the meanings of "都 不" and "不 都" are different..

也 / 都 + 不 + V / A

Subject	Predicate	
	Adv	V / A
她	不	是老师。
你	也不	是老师。
我们	都不	是老师。(none of us)
我们	不都	是老师。(not all of us)

六 综合练习 Comprehensive Practice

1 听问题，选择正确的回答。

Listen to each question and circle the correct answer.

1. A. 忙　B. 不是忙　C. 不是　D. 是很忙
2. A. 我介绍　B. 认识　C. 在哪儿　D. 学生
3. A. 是　B. 学生　C. 他们　D. 老师
4. A. 我说汉语　B. 我听汉语　C. 我学习汉语　D. 我学习英语
5. A. 是教授　B. 认识他　C. 不是老师　D. 他很忙
6. A. 英语专业　B. 美术专业　C. 汉语专业　D. 文学专业

2 听对话并判断正误。

Listen to the following dialogue and decide whether the statements are true (T) or false (F).

① 她很忙。(　　)　　② 他不忙。(　　)

3 听录音并填空。

Listen and fill in the blanks.

① 我学习________。

② 我________一下。

③ 他学习________专业。

④ 他是________的老师。

4 完成下列对话。

Complete the following dialogues.

(1) A：________________？

B：他是张教授。

(2) A：________________？

B：他学习汉语。

(3) A：________________？

B：我很忙。

(4) A：________________？

B：我叫林娜。

(5) A：________________？

B：我是加拿大人。

5 连接 I 和 II 两部分的词语，组成句子。

Make sentences by matching the words from part I with those from part II. Draw lines to connect them.

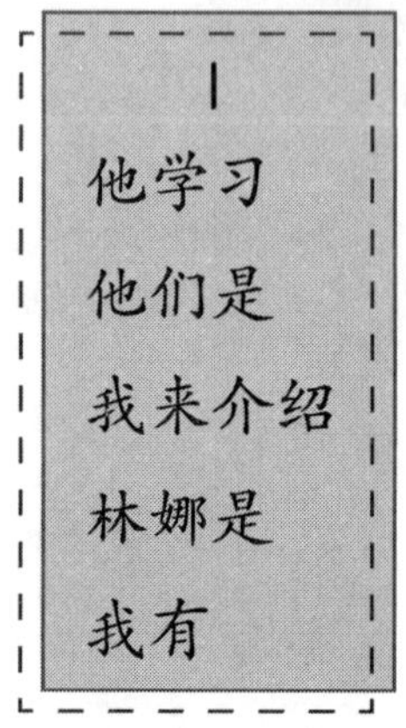

I
他学习
他们是
我来介绍
林娜是
我有

II

我的朋友

汉语

留学生

一个哥哥

一下

6 把下列陈述句变成疑问句。

Change the following statements into questions.

For example 我是学生。→ 你是学生吗？

(1) 我学习汉语。

(2) 我学习美术专业。

(3) 我很忙。

(4) 他不认识我。

(5) 我是加拿大人。

(6) 我们都认识他。

7 用所给词造句。

Make sentences with the words given.

认识：________________

都：________________

也：________________

一下：________________

8 根据本课课文判断正误。

Decide whether the statements are true (T) or false (F) according to the text of this lesson.

(1) 林娜明天开学。 (   )

(2) 张教授不是语言学院的老师。 (   )

(3) 张教授不忙。 (   )

(4) 马大为是美国人。 (   )

(5) 丁力波是林娜的朋友。 (   )

(6) 丁力波学习语言专业。 (   )

9 选择正确答案。

Choose the correct answers.

(1) 你在____________工作？

A. 哪儿　　B. 我　　C. 医生　　D. 谁

(2) A：你是老师吗？

B：____________。

A. 你　　B. 老师　　C. 我　　D. 不是

(3) A：你贵姓？

B：____________。

A. 我是学生　　B. 我姓王　　C. 我很忙　　D. 我很好

10 判断下列句子语法是否正确。

Decide whether the following statements are grammatically correct (√) or wrong (×).

(1) 他是忙。　　(　　)

(2) 这是谁的名片吗？　　(　　)

(3) 你去哪儿吗？　　(　　)

(4) 我去语言学院。　　(　　)

(5) 他汉语学习。　　(　　)

11 朗读对话并回答问题。

Read the dialogue and answer the questions.

林娜：我们现在去游泳，好吗？

王小云：对不起，我现在很忙，没有时间。

林娜：明天你有时间吗？

王小云：明天我去看京剧，也不行。

问题 Questions

(1) 王小云忙吗？

(2) 王小云现在有时间去游泳吗？

(3) 王小云明天做（zuò，to do）什么？

文化知识 Cultural Notes

Chinese Names

Chinese names are made up of two parts: family names (*xing*) and given names (*ming*). Family names always precede given names in Chinese, which is similar to Japanese names.While family names generally come from the father's side (nowadays we also find family names which come from the mother's side), parents choose given names for their children.

There are over a thousand Chinese family names. Li, Wang, Liu, and Chen are among the most popular ones. Li is the most common surname. There are about 100 million people who use this surname.

The majority of family names in Chinese consist of a single character, but there are some, such as Ouyang and Sima, that have two, and hence are known as disyllabic or double-character family names (*fuxing*). In mainland China, women retain their family names after marriage. On the other hand, it is common to have single-character or double-character given names, such as in Song Hua and Lu Yuping. Due to the limited number of characters used in family names as well as in given names, it is not unusual for people to have identical names in China.

The Most Common Chinese Surnames

李 (Lǐ)	王 (Wáng)	张 (Zhāng)	刘 (Liú)
陈 (Chén)	杨 (Yáng)	赵 (Zhào)	黄 (Huáng)
周 (Zhōu)	吴 (Wú)	徐 (Xú)	孙 (Sūn)
胡 (Hú)	朱 (Zhū)	高 (Gāo)	林 (Lín)
何 (Hé)	郭 (Guō)	马 (Mǎ)	罗 (Luó)

This lesson will teach you how to describe your family members, and how to talk about your university and department. You will learn how to count to one hundred, and ask questions related to numbers and amount. Finally, we will introduce you to measure words, a grammatical category particularly well-developed in the Chinese language.

第八课 Lesson 8

Nǐmen jiā yǒu jǐ kǒu rén
你们 家 有 几 口 人

一 课 文 Text

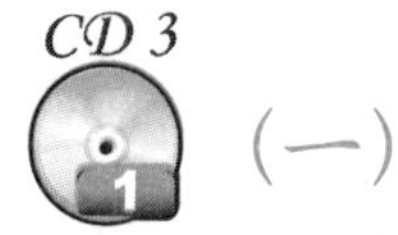

（一）

Lín Nà: Zhè shì bu shì nǐmen jiā de zhàopiàn?
林娜：这 是 不 是 你们 家 的 照片？

Wáng Xiǎoyún: Shì a.
王小云：是 啊。①

Lín Nà: Wǒ kàn yíxià. Nǐmen jiā yǒu jǐ kǒu rén?
林娜：我 看 一下。你们 家 有 几 口 人？

【谈家庭】 Talking about one's family

Wáng Xiǎoyún: Wǒmen jiā yǒu sì kǒu rén. Zhè shì wǒ bàba、wǒ māma, zhè shì wǒ gēge hé wǒ. Nǐmen jiā ne?
王小云：我们 家 有 四 口 人。这 是 我 爸爸、我 妈妈，这 是 我 哥哥 和 我。② 你们 家 呢？

Lín Nà: Wǒ yǒu māma, yǒu yí ge jiějie hé liǎng ge dìdi.
林娜：我 有 妈妈，有 一 个 姐姐 和 两 个 弟弟。③

Wǒmen jiā yígòng yǒu liù kǒu rén.
我们 家 一共 有 六 口 人。

Wáng Xiǎoyún: Zhè shì wǔ kǒu rén, hái yǒu shéi?
王小云：这 是 五 口 人，还 有 谁？④

Lín Nà: Hái yǒu Bèibei.
林娜：还 有 贝贝。

Wáng Xiǎoyún: Bèibei shì nǐ mèimei ma?
王小云：贝贝 是 你 妹妹 吗？

Lín Nà: Bù, Bèibei shì wǒ de xiǎo gǒu.
林娜：不，贝贝 是 我 的 小 狗。

Wáng Xiǎoyún: Xiǎo gǒu yě shì yì kǒu rén ma?
王小云：小 狗 也 是 一 口 人 吗？

Lín Nà: Bèibei shì wǒmen de hǎo péngyou, dāngrán shì wǒmen jiā
林娜：贝贝 是 我们 的 好 朋友，当然 是 我们 家

de rén. Wǒ yǒu yì zhāng Bèibei de zhàopiàn, nǐ kàn.
的 人。我 有 一 张 贝贝 的 照片，你 看。

Wáng Xiǎoyún: Zhēn kě'ài.
王小云：真 可爱。

Lín Nà: Nǐmen jiā yǒu xiǎo gǒu ma?
林娜：你们 家 有 小 狗 吗？

Wáng Xiǎoyún: Wǒmen jiā méiyǒu xiǎo gǒu. Lín Nà, nǐ yǒu méiyǒu nán
王小云：我们 家 没有 小 狗。林 娜，你 有 没有 男

péngyou?
朋友？

Lín Nà: Wǒ yǒu nán péngyou.
林娜：我 有 男 朋友。

Wáng Xiǎoyún: Tā zuò shénme gōngzuò?
王小云：他 做 什么 工作？

【问职业】
Asking about someone's occupation

Lín Nà: Tā shì yīshēng.
林娜：他 是 医生。

生词 New Words

1	家	N	jiā	family, home 我们家，你们家，他们家
2	几	Qpr	jǐ	how many, how much
3	照片	N	zhàopiàn	picture, photo 我的照片，我们家的照片
4	和	Conj	hé	and 爸爸和妈妈，哥哥和我，你和他
5	个	M	gè	(*a measure word for general use*) 几个弟弟，一个朋友，五个医生，七个学院，九个系
6	姐姐	N	jiějie	elder sister
7	两	N	liǎng	two 两口人，两个姐姐，两个老师，两个系
8	一共	Adv	yígòng	altogether 一共有六口人
9	还	Adv	hái	in addition 还有，还要，还认识，还介绍，还学习
10	妹妹	N	mèimei	younger sister
11	小	A	xiǎo	little, small 小弟弟，小妹妹
12	狗	N	gǒu	dog 小狗，我的小狗
13	当然	A	dāngrán	of course 当然是，当然去
14	张	M	zhāng	(*a measure word for flat objects*) 两张照片，一张名片
15	真	A /Adv	zhēn	real / really 真的，真忙，真高兴，真有意思
16	可爱	A	kě'ài	lovely, cute 真可爱，可爱的贝贝，可爱的照片
	爱	V	ài	to love 爱爸爸，爱妈妈，爱弟弟妹妹

17	没	Adv	méi	not 没有
18	做	V	zuò	to do, to make
19	工作	V/ N	gōngzuò	to work / work 工作一年；他的工作，做什么工作
20	贝贝	PN	Bèibei	(name of a dog)

CD 3
2

（二）

【谈学校】
Talking about one's school

Lín Nà: Yǔyán Xuéyuàn dà bu dà?
林娜：语言 学院 大 不 大？

Wáng Xiǎoyún: Bú tài dà.
王小云：不 太 大。⑤

Lín Nà: Yǔyán Xuéyuàn yǒu duōshao ge xì?
林娜：语言 学院 有 多少 个 系？

Wáng Xiǎoyún: Yǒu shí'èr ge xì.
王小云：有 十二 个 系。

Lín Nà: Nǐ xǐhuan nǐmen wàiyǔ xì ma?
林娜：你 喜欢 你们 外语 系 吗？

Wáng Xiǎoyún: Wǒ hěn xǐhuan wàiyǔ xì.
王小云：我 很 喜欢 外语 系。

Lín Nà: Nǐmen wàiyǔ xì yǒu duōshao lǎoshī?
林娜：你们 外语 系 有 多少 老师？

Wáng Xiǎoyún: Wàiyǔ xì yǒu èrshíbā ge Zhōngguó lǎoshī, shíyī ge wàiguó lǎoshī. Nǐmen xì ne?
王小云：外语 系 有 二十八 个 中国 老师，十一 个 外国 老师。你们 系 呢？

Lín Nà： Wǒmen Hànyǔ xì hěn dà. Wǒmen xì de lǎoshī yě hěn
林娜： 我们 汉语 系 很 大。我们 系 的 老师 也 很

duō, yǒu yìbǎi ge. Tāmen dōu shì Zhōngguó rén.
多， 有 一百 个。他们 都 是 中国 人。

Wǒmen xì méiyǒu wàiguó lǎoshī.
我们 系 没有 外国 老师。

生词 New Words

1	大	A	dà	big, large 大照片，不太大
2	多少	Qpr	duōshao	how many, how much 多少人，多少教授
	多	A	duō	many, much
	少	A	shǎo	few, less
3	喜欢	V	xǐhuan	to like 喜欢汉语，喜欢老师
4	外国	N	wàiguó	foreign language 外国人，外国朋友，外国学生
5	百	Nu	bǎi	hundred 一百，二百，三百，四百，八百

补充生词 Supplementary Words

1.	车	N	chē	vehicle
2.	电脑	N	diànnǎo	computer
3.	词典	N	cídiǎn	dictionary
4.	孩子	N	háizi	child
5.	助教	N	zhùjiào	teaching assistant
6.	律师	N	lǜshī	lawyer
7.	工程师	N	gōngchéngshī	engineer
8.	爷爷	N	yéye	(paternal) grandfather
9.	外公	N	wàigōng	(maternal) grandfather

二 注释 Notes

① 是啊。

"啊" is a modal particle expressing affirmation.

② 我哥哥和我

The conjunction "和" is generally used to connect pronouns, nouns or noun phrases, e.g. "他和她", "哥哥和弟弟", "我们老师和你们老师". "和" cannot be used to connect two clauses, and is seldom used to connect two verbs.

③ 我有一个姐姐和两个弟弟。

When the numeral "2" is used with a measure word in Chinese, the character "两" is used instead of "二", for example: "两张照片", "两个人" (we do not say "二张照片", "二个人"). When the numeral "2" is used alone, as in "一，二，三，…", or when it is used in a multi-digit number, we still use "二", even if it is followed by a measure word, for example: "十二", "二十二", "九十二个人", "二百".

④ 还有谁？

One of the uses of "还" is to make an additional remark. For example:

我有两个姐姐，还有一个弟弟。

我认识马大为，还认识他朋友。

⑤ 不太大。

The adverb "太" can be used in a negative construction. "不太" means "不很…", so "不太大" means "不很大", and "不太忙" means "不很忙". However, when "太" is used in an affirmative construction, such as "太大（了）", "太小（了）" or "太忙（了）", it often means "too much" or "excessively".

三 练习与运用 Drills and Practice

● 核心句 KEY SENTENCES

1. 你们家有几口人？
2. 这是五口人，还有谁？
3. 你有没有男朋友？
4. 我有男朋友。
5. 他做什么工作？
6. 你们外语系有多少老师？
7. 外语系有二十八个中国老师。

1 熟读下列词组 Read the following phrases until you learn them by heart

（1）我们家　我们系　我们学院　我们老师
　　你们家　你们系　你们学院　你们老师
　　他们家　他们系　他们学院　他们老师

（2）我爸爸　我妈妈　我哥哥　我弟弟　我姐姐　我妹妹　我朋友
　　你爸爸　你妈妈　你哥哥　你弟弟　你姐姐　你妹妹　你朋友

（3）中国老师　中国学生　中国朋友　中国教授　中国医生　中国人
　　外国老师　外国学生　外国朋友　外国教授　外国医生　外国人

（4）我们的名片　我们家的小狗　我们学院的学生　我们系的外国老师
　　他的照片　他们家的照片　他们学院的老师　他们系的中国老师

（5）我和你　我们系和你们系　我们系的老师和你们系的老师
　　你们和他们　汉语学院和外语学院　汉语学院的学生和外语学院的学生

（6）两口人　四口人　五口人　八口人
　　十二张照片　二十三张照片　七十张名片　一百张名片
　　八个学院　十个系　二十六个老师　九百个学生
　　几口人　几张照片　几个朋友　几个系
　　多少人　多少（张）照片　多少（个）朋友　多少（个）系

2 句型替换 Pattern drills

(2) A：你有名片吗？

B：我没有名片。你呢？

A：我也没有名片。

小狗
车(chē)
电脑(diànnǎo)
汉语词典(cídiǎn)

(2) A：他有没有中国朋友？

B：他有中国朋友。

A：他有几个中国朋友？

B：他有两个中国朋友。

弟弟
姐姐
孩子(háizi)

(3) A：你们系的外国学生多不多？

B：我们系的外国学生不太多。

A：你们系有多少外国学生？

B：我们系有二十个外国学生。

教授	3
外国老师	2
助教(zhùjiào)	7
中国学生	15

(4) A：你们家有几口人？

B：我们家有六口人。

A：你爸爸做什么工作？

B：他是教授。

3	记者
4	律师(lǜshī)
5	工程师(gōngchéngshī)

(5) A：他们有几个孩子？

B：他们有两个孩子，都很可爱。

A：都是男孩子吗？

B：不是，他们有一个男孩子和一个女孩子。

3	1	2
4	2	2
5	2	3

3 与你的同学口头做算术题 Solve the following math problems verbally

（1）jiā　1+2=? ⟶ A：一加（jiā，plus）二是多少？
B：一加二是三。

3+7=?　28+22=?　42+35=?
56+12=?　68+32=?

（2）jiǎn　15−12=? ⟶ A：十五减（jiǎn，minus）十二是多少？
B：十五减十二是三。

36−16=?　47−29=?　53−38=?
90−69=?　100−12=?

（3）chéng　4×3=? ⟶ A：四乘（chéng，times）三是多少？
B：四乘三是十二。

4×5=?　3×9=?　6×7=?
8×4=?　9×8=?

4 会话练习 Conversation Practice

【谈家庭　Talking about one's family】

（1）A：你们家有几口人？

B：________________。

A：你有没有哥哥和姐姐？

B：我有____________，没有_______。你呢？

A：我有一个________，两个_______。

（2）A：你爸爸、妈妈做什么工作？

B：我爸爸是__________，妈妈是__________。你爸爸、妈妈呢？

A：我爸爸是__________，妈妈不工作。

B：你爷爷 (yéye) 和外公 (wàigōng) 呢？

A：我爷爷是__________，外公是__________。

（3）A：你哥哥做什么工作？

B：他是学生。

A：他学习什么专业？

B：他学习________。

【谈学校　Talking about one's school】

（1）A：你们学院大不大？

B：________________________。

A：你们学院有多少个系？

B：________________________。

A：你们学院有多少个专业？

B：________________________。

A：你喜欢你的专业吗？

B：我当然喜欢。

（2）A：你们系的老师多不多？

B：我们系的老师__________。

A：你们系有没有外国老师？

B：我们系有外国老师。

A：你们系的外国老师__________？

B：我们系的外国老师很少。

（3）A：你们汉语系的学生多不多？

B：我们系的学生________________。

A：你们系的男（学）生多吗？

B：我们系的男（学）生很少，女（学）生_______________。

A：你喜欢不喜欢你们系？

B：我很喜欢。

5 交际练习 Communication exercises

(1) Introduce your family to your good friend.

(2) Talk about your friend's family.

(3) One of your friends inquires about your department. How do you answer him / her?

四 阅读与复述 Reading Comprehension and Paraphrasing

丁力波是加拿大学生。他家有五口人：爸爸、妈妈、哥哥、弟弟和他。他妈妈姓丁，叫丁云，是中国人。他爸爸叫古波（Gǔ Bō），是加拿大人。二十年（nián，year）前（qián，ago），古波在加拿大认识了丁云，那时候，丁云学习英语（Yīngyǔ，English），古波学习汉语。

现在，丁云和古波都是汉语教授。他们有三个男孩儿，没有女孩儿。现在，丁力波和他哥哥、弟弟都在北京（Běijīng，Beijing）。丁力波是语言学院的学生，他学习汉语。他很喜欢语言学院。语言学院不太大，有十二个系。汉语系有一百个中国老师，学生都是外国人。外语系的学生是中国人，外语系有很多外国老师。丁力波的中国朋友都是外语系的学生。丁力波的哥哥学习历史专业，他弟弟的专业是经济。

他们的外婆也在北京。他们常常（chángcháng，often）去外婆家，他们很爱外婆。

五 语 法 Grammar

1. 11～100 的称数法 Numbers from 11 to 100

11 十一	12 十二	13 十三	……	19 十九	20 二十
21 二十一	22 二十二	23 二十三	……	29 二十九	30 三十
31 三十一	32 三十二	33 三十三	……	39 三十九	40 四十
⋮	⋮	⋮		⋮	⋮
81 八十一	82 八十二	83 八十三	……	89 八十九	90 九十
91 九十一	92 九十二	93 九十三	……	99 九十九	100 一百

2. 数量词作定语 Numeral-measure words as attributives

In modern Chinese, a numeral alone cannot directly function as an attributive to modify a noun but must be combined with a measure word. All nouns have their own particular measure words, for example:

Nu +	M +	N
五	口	人
一	个	姐姐
十二	个	系
二十	张	照片

"个" is the most commonly used measure word, applied before nouns referring to people, things and units. (It is read in the neutral tone). "张" is usually used before nouns of objects with a flat surface such as paper, photographs, and business cards. The measure word "口" is used to express the number of people in a family when it is combined with "人". For example: "五口人". In other cases, "个" should be used. For example: "我们班有二十个人." One cannot say "我们班有二十口人."

3. "有"字句 Sentences with "有"

The sentence taking the verb "有" as the main element of the predicate usually expresses possession. Its negative form is formed by adding the adverb "没" before "有". (Note: "不" cannot be used here.) Its V-not-V form is "有没有".

(没)有 + O

Subject	Predicate		
	(没)有	Object	Particle
我	有	姐姐。	
她	没有	男朋友。	
你	有	名片	吗?
你	有没有	照片?	
语言学院	有	十二个系。	
我们系	没有	外国老师。	
你们家	有没有	小狗?	

If the subject of a sentence with “有” is a noun indicating a work unit, place or location, this kind of sentence with “有” is similar to the English sentence pattern of “There is / are...”.

4. 用“几”或“多少”提问 Questions with “几” or “多少”

The question pronouns “几” and “多少” are used to ask about numbers. “几” is often used to ask about numbers less than 10, and a measure word is needed between it and the noun. “多少” may be used to ask about any number, and the measure word after it is optional.

几 + M + N	多少（+ M）+ N
A：你们家有几口人？	A：你们系有多少（个）学生？
B：我家有五口人。	B：我们系有五百个学生。

六 综合练习 Comprehensive Practice

1 听录音并回答听到的问题。

Listen and answer the questions you hear.

1. ______________
2. ______________
3. ______________
4. ______________
5. ______________
6. ______________

2 听对话并判断正误。

Listen to the following dialogues and decide whether the statements are true (T) or false (F).

1. 这是宋华家的照片。（　　）
2. 照片上有五口人。（　　）
3. 照片上有四口人。（　　）
4. 小狗也是她们家的人。（　　）

3 听录音并填空。

Listen and fill in the blanks.

1 我们家有________人。

2 她是________。

3 你们家有________吗？

4 你们班________多少人？

5 你________学生。

6 我有________张照片。

4 选择正确的汉字填空。

Fill in the blanks with the correct characters.

(1) 你们家有____口人？

A. 心　　B. 几　　C. 儿

(2) 你在哪儿工____？

A. 做　　B. 坐　　C. 作

(3) ____是不是你妹妹？

A. 他　　B. 她　　C. 也

5 完成下列对话。

Complete the following dialogues.

(1) A：______________________________？

B：我们家有七口人。

(2) A：______________________________？

B：我有四个哥哥。

(3) A：______________________________？

B：我有很多中国朋友。

(4) A：______________________________？

B：我们学校有八十八个中国学生。

(5) A：______________________________？

B：他有两只狗。

6 连接 I 和 II 两个部分的词，组成词组。

Match the words from part I with those from part II to make phrases. Draw lines to connect them.

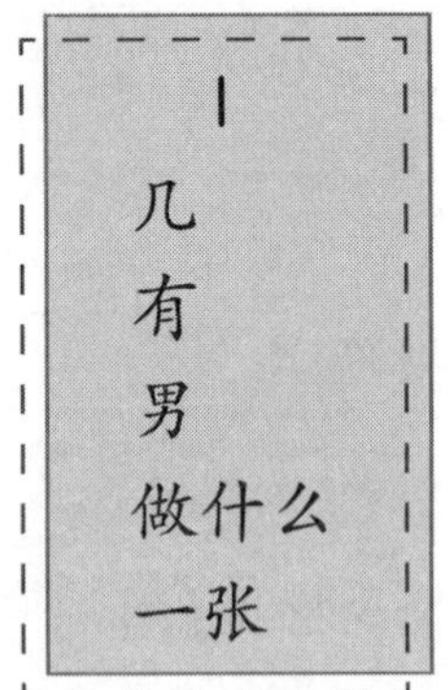
I
几
有
男
做什么
一张

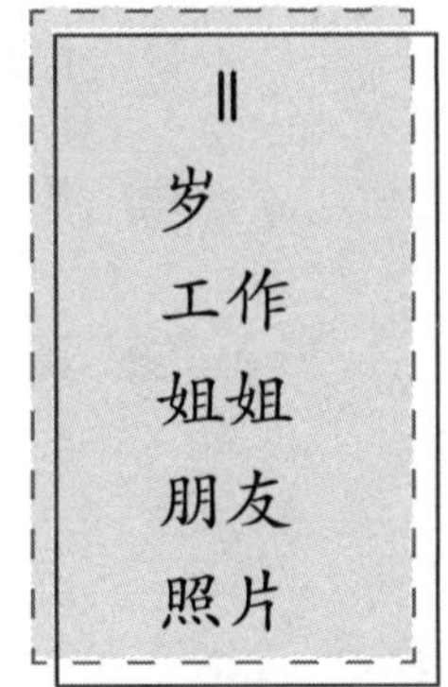
II
岁
工作
姐姐
朋友
照片

7 把下列陈述句变成有"吗"、"几"或"多少"的问句。

Change the following statements into questions with "吗", "几" or "多少".

(1) 他有很多朋友。

(2) 我们系有三百人。

(3) 外语系没有汉语专业。

(4) 他的弟弟真可爱。

(5) 他们家有很多狗。

(6) 我们都喜欢狗。

8 用所给词造句。

Make sentences with the words given.

当然：____________________

真：____________________

还：____________________

多少：____________________

9 根据本课课文判断正误。

Decide whether the statements are true (T) or false (F) according to the text of this lesson.

(1) 语言学院很大。 ( )

(2) 汉语系的老师有一百多个。 (　　)

(3) 王小云家有四口人。 (　　)

(4) 王小云的小猫（māo，cat）叫贝贝。 (　　)

(5) 林娜的男朋友是老师。 (　　)

(6) 林娜有三个哥哥。 (　　)

10 判断下列句子语法是否正确。

Decide whether the statements are grammatically correct (√) or wrong (×).

(1) 你们家不有哥哥。 (　　)

(2) 你们学校多少有老师？ (　　)

(3) 我有一个哥哥，也有一个弟弟。 (　　)

(4) 我们喜欢狗。 (　　)

(5) 她真工作。 (　　)

11 读短文并回答问题。

Read the passage and answer the questions.

丁力波家有外婆、爸爸、妈妈、哥哥，还有弟弟。他的哥哥是老师。他们都喜欢丁力波。丁力波的爸爸是加拿大人，妈妈是中国人。汉语是他爸爸、妈妈的“介绍人”。

问题 Questions

(1) 丁力波家有几口人？

(2) 他们都喜欢谁？

(3)“介绍人”是什么意思（yìsi，meaning）？

文化知识 Cultural Notes

Forms of Address for Family and Relatives

While the Chinese words for "mother", "father", "son", and "daughter" are used in ways similar to what we find in English, addressing siblings and relatives is fairly complex in Chinese. Two principles govern how Chinese family members are addressed: 1) relatives on the paternal side are distinguished from those on the mother's side; and 2) age relative to the speaker is taken into consideration.

The English words "grandfather" and "grandmother" can refer to grandparents on either the father's or mother's side. In Chinese, on the other hand, one has to indicate whether they are the father's or the mother's parents. The parents of one's father are *zufu* "grandfather" and *zumu* "grandmother" and are informally called *yeye* "grandpa" and *nainai* "grandma". However, the terms for one's mother's parents are *waizufu* "maternal grandfather" and *waizumu* "maternal grandmother", and in spoken Chinese, *waigong* (or *laoye*), and *waipo* (or *laolao*), meaning literally "maternal grandpa" and "maternal grandma" respectively.

In Chinese, special terms are used to indicate whether siblings are older or younger than the speaker. For instance, instead of a term equivalent to the English "brother", Chinese has *gege* "elder brother" and *didi* "younger brother". Similarly, "elder sister" is *jiejie*, and "younger sister" is *meimei.* In Chinese, one must always be sure to differentiate between elder and younger siblings and use the correct terms.

Chinese appellations for family members are highly specific. In addition to the ones introduced above, other common appellations include *bobo* (father's elder brother, uncle), *shushu* (father's younger brother, uncle), *gugu* (paternal aunt), *jiujiu* (maternal uncle), *yima* (maternal aunt), *saozi* (elder brother's wife, sister-in-law), *dimei* (younger brother's wife, sister-in-law), *jiefu* (elder sister's husband, brother-in-law), *meifu* (younger sister's husband, brother-in-law), *biaoge* (elder male cousin on mother's side), *biaojie* (elder female cousin on mother's side), *tangge* (elder male cousin on father's side), and *tangjie* (elder female cousin on father's side).

How do Chinese celebrate their birthdays? How to ask the age and birthplace of others? Besides, in this lesson, you will also learn the days, weeks, months, and years in Chinese, and look at the Chinese zodiac animals, a remarkable creation of Chinese culture.

第九课
Lesson 9

Tā jīnnián shíjiǔ suì
他 今年 十九 岁

一 课 文 Text

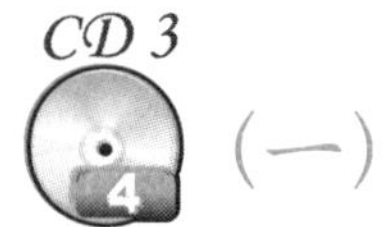

(一)

Wáng Xiǎoyún: Lín Nà, nǐ zěnmeyàng? Máng bu máng?
王小云：林 娜，你 怎么样？① 忙 不 忙？

Lín Nà: Wǒ jīntiān hěn máng.
林娜：我 今天 很 忙。

Wáng Xiǎoyún: Míngtiān shàngwǔ nǐ yǒu méiyǒu kè?
王小云：明天 上午 你 有 没有 课？

Lín Nà: Míngtiān shì xīngqī jǐ?
林娜：明天 是 星期 几？

Wáng Xiǎoyún: Míngtiān shì xīngqīsì.
王小云：明天 是 星期四。

Lín Nà: Wǒ shàngwǔ、xiàwǔ dōu yǒu kè.
林娜：我 上午、下午 都 有 课。

Wáng Xiǎoyún: Nǐ xīngqīrì yǒu shíjiān ma?
王小云：你 星期日 有 时间 吗？

【约会】Making an appointment

Lín Nà: Xīngqīrì shì jǐ hào?
林娜：星期日 是 几 号？

Wáng Xiǎoyún: Xīngqīrì shì shíyuè èrshíyī hào, shì Sòng Huá de shēngri.
王小云：星期日 是 十月 二十一 号，是 宋 华 的 生日。

Lín Nà: Shì ma? Tā jīnnián duō dà?
林娜：是 吗？② 他 今年 多 大？③

【问年龄和出生地】
Asking about someone's age and birthplace

Wáng Xiǎoyún: Sòng Huá yī jiǔ jiǔ líng nián shíyuè èrshíyī rì chūshēng, shǔ mǎ. Tā jīnnián shíjiǔ suì.
王小云：宋 华 一 九 九 〇 年 十月 二十一 日 出生， 属 马。④ 他 今年 十九 岁。

Lín Nà: Tā shì nǎr rén?
林娜：他 是 哪儿 人？⑤

Wáng Xiǎoyún: Tā shì Běijīng rén. Tā bàba、māma dōu zài Běijīng. Xīngqīrì xiàwǔ wǒmen yǒu yí ge jùhuì, zhùhè tā de shēngri. Lìbō、Dàwéi dōu qù, nǐ cānjiā bu cānjiā?
王小云：他 是 北京 人。他 爸爸、妈妈 都 在 北京。星期日 下午 我们 有 一 个 聚会，祝贺 他 的 生日。力波、大为 都 去，你 参加 不 参加？

Lín Nà: Tài hǎo le! Wǒ dāngrán cānjiā. Zhōngguó rén guò shēngri de shíhou chī dàngāo ma?
林娜：太 好 了！我 当然 参加。 中国 人 过 生日 的 时候 吃 蛋糕 吗？

Wáng Xiǎoyún: Chī dàngāo.
王小云：吃 蛋糕。

Lín Nà: Wǒ mǎi yí ge dà dàngāo, hǎo ma?
林娜：我 买 一 个 大 蛋糕， 好 吗？

Wáng Xiǎoyún: Hǎo a. Wǒ mǎi liǎng píng hóng pútaojiǔ.
王小云：好 啊。我 买 两 瓶 红 葡萄酒。

生词 New Words

1	今年	N	jīnnián	this year
	年	N	nián	year 2009 年，1998 年，一年，两年
2	岁	M	suì	year (of age) 五岁，十八岁，二十岁，三十六岁
3	课	N	kè	class, lesson 有课，汉语课，文化课，第一课，两课
4	星期	N	xīngqī	week 星期一，星期二，星期几，一个星期
5	上午	N	shàngwǔ	morning 明天上午，一个上午
	上	N	shàng	above, last 上星期，上星期二，上个月
6	下午	N	xiàwǔ	afternoon 明天下午，一个下午
	下	N	xià	below, next 下星期，下星期三，下个月
7	星期日	N	xīngqīrì	Sunday 星期日上午，星期日下午
8	号	N	hào	day of the month 五月四号，十月一号
9	生日	N	shēngri	birthday 他的生日，二十岁生日
	生	V	shēng	to be born
10	多大	IE	duō dà	how old 今年多大
	多	Adv	duō	how
	大	A	dà	old
11	出生	V	chūshēng	to be born 1989 年出生
	出	V	chū	to go, to come out
12	属	V	shǔ	to be born in the year of 属狗
13	马	N	mǎ	horse
14	聚会	N	jùhuì	get-together, party 生日聚会，有一个聚会
	会	N	huì	meeting
15	祝贺	V	zhùhè	to congratulate 祝贺生日
	祝	V	zhù	to wish
16	参加	V	cānjiā	to participate, to attend 参加聚会
17	过	V	guò	to celebrate (someone's birthday, festival, etc.)

18	吃	V	chī	to eat
19	蛋糕	N	dàngāo	cake 一个蛋糕，吃蛋糕
	蛋	N	dàn	egg
	糕	N	gāo	cake
20	买	V	mǎi	to buy 买蛋糕
21	瓶	M	píng	bottle 一瓶水
22	红葡萄酒		hóng pútaojiǔ	red wine 一瓶红葡萄酒
	红	A	hóng	red
	葡萄	N	pútao	grape 吃葡萄，买葡萄
	酒	N	jiǔ	wine or liquor
23	北京	PN	Běijīng	Beijing

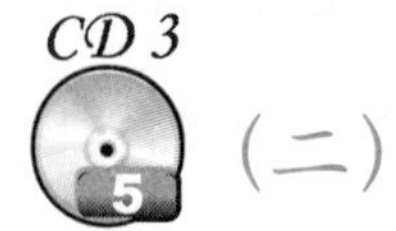

（二）

Lín Nà: Sòng Huá, zhè shì shēngri dàngāo.
林娜：宋 华，这 是 生日 蛋糕。

Zhù nǐ shēngri kuàilè!
祝 你 生日 快乐！⑥

【祝贺生日】 Celebrating someone's birthday

Sòng Huá: Xièxie. Dàngāo zhēn piàoliang. Nǐmen lái, wǒ hěn gāoxìng.
宋华：谢谢。蛋糕 真 漂亮。你们 来，我 很 高兴。

Mǎ Dàwéi: Jīntiān wǒmen chī Běijīng kǎoyā. Wǒ hěn xǐhuan chī kǎoyā.
马大为：今天 我们 吃 北京 烤鸭。我 很 喜欢 吃 烤鸭。⑦

Dīng Lìbō: Wǒmen hē shénme jiǔ?
丁力波：我们 喝 什么 酒？

Wáng Xiǎoyún: Dāngrán hē hóng pútaojiǔ, wǒmen hái chī shòumiàn.
王小云：当然 喝 红 葡萄酒，我们 还 吃 寿面。⑧

Lín Nà: Chī shòumiàn? Zhēn yǒu yìsi.
林娜：吃 寿面？ 真 有 意思。

Sòng Huá: Lín Nà, nǐ de shēngri shì nǎ tiān?
宋华：林 娜，你 的 生日 是 哪 天？

Lín Nà: Shíyīyuè shí'èr hào.
林娜：十一月 十二 号。

Sòng Huá: Hǎo, shíyīyuè shí'èr hào wǒmen zài lái chī shòumiàn.
宋华：好，十一月 十二 号 我们 再 来 吃 寿面。

生词 New Words

1	快乐	A	kuàilè	happy 生日快乐
2	漂亮	A	piàoliang	beautiful, nice 漂亮的小姐，漂亮的照片
3	烤鸭	N	kǎoyā	roast duck 北京烤鸭，吃烤鸭
	鸭	N	yā	duck
4	寿面	N	shòumiàn	(birthday) longevity noodles 吃寿面
	面	N	miàn	noodles 吃面

补充生词 Supplementary Words

1.	可乐	N	kělè	coke
2.	雪碧	N	xuěbì	*Sprite*, name of a drink
3.	啤酒	N	píjiǔ	beer
4.	牛奶	N	niúnǎi	milk
5.	汉堡	N	hànbǎo	hamburger
6.	热狗	N	règǒu	hotdog
7.	面包	N	miànbāo	bread
8.	茶	N	chá	tea
9.	米饭	N	mǐfàn	(cooked) rice
10.	晚上	N	wǎnshang	evening
11.	女儿	N	nǚ'ér	daughter
12.	儿子	N	érzi	son

二 注释 Notes

① 你怎么样?

This is also a form of greeting used among acquaintances and friends, and is similar to "你好吗?"

② 是吗?

The phrase "是吗?" does not raise a question here, but expresses mild surprise on the part of the speaker concerning something that he / she does not know. For example:

A：丁力波的哥哥和弟弟都在北京。

B：是吗?

Sometimes it expresses doubt, or modesty when receiving praise. (See Lesson 11.)

③ 他今年多大？

Here “多” is an adverb, followed by an adjective. The phrase “多 + A” is used to raise a question, and in this case “大” refers to age.

In asking about age in Chinese, one has to choose different forms for different groups of people. “你今年多大？” can only be used to ask the age of an adult, or people of the same generation as the speaker. When asking the age of a child, we usually say “你今年几岁？”, and when asking the age of an elderly person or those older than the speaker, a more polite form has to be used, which will be taught in Lesson 11.

④ 宋华一九九〇年十月二十一日出生，属马。

It is customary for the Chinese to designate one's year of birth according to twelve animals, which are arranged in the following order: rat, ox, tiger, rabbit, dragon, snake, horse, ram, monkey, rooster, dog and pig. These form a twelve-year cycle. For example, the year 1982, 1994 and 2006 are all designated “dog” years. The people who were born in these years are said to “belong to the year of dog”, which, in Chinese, is written as “属狗”. The years 1988, 2000 and 2012 are dragon years. Those who were born in these years all “属龙”.

⑤ 他是哪儿人？

This is an expression usually used to ask someone's place of birth. It can also be said as “他哪儿人？”, with “是” omitted; and in answering “哪儿”, it is usually necessary to specify a province, city or county. When asking about nationality, we use the expression “哪国人？”.

⑥ 祝你生日快乐！

This is a familiar form of expression used to give greetings to someone on his / her birthday. “祝你……” is used to express good wishes, sometimes with the implication of “congratulating in advance”, whereas “祝贺你……” is commonly used to congratulate someone on something that is already known or has already occurred. For example:

A：我下星期天结婚（jiéhūn，to get married）。

B：祝贺你！

⑦ 我很喜欢吃烤鸭。

A verb or a verbal phrase can funtion as the object of the predicative verb. For example:

他喜欢说汉语。

我喜欢学习。

⑧ 我们还吃寿面。

When celebrating birthdays, a traditional Chinese custom is to eat "longevity noodles". The length of noodles symbolizes "longevity".

三 练习与运用 Drills and Practice

● 核心句 KEY SENTENCES

1. 他今年多大?
2. 明天上午你有没有课?
3. 星期日是几号?
4. 他一九九〇年十月二十一号出生。
5. 他今年十九岁。
6. 我买一个大蛋糕，好吗?
7. 祝你生日快乐!
8. 我很喜欢吃烤鸭。

1 熟读下列词组 Read the following phrases until you learn them by heart

（1）今天上午　明天下午　五月八号上午　上星期　上星期三
星期二上午　星期六下午　九月二十号下午　下星期　下星期日
上星期三下午　下星期三上午

（2）一九七〇年出生　　一九八五年学习汉语　　一九九〇年工作
　　一九九九年来中国　　二〇〇〇年认识张教授　　二〇〇二年到北京

（3）一个蛋糕　两瓶葡萄酒　五张照片　三个朋友　一个妹妹　一个聚会

（4）宋华的生日　你的生日　他们的聚会　林娜的蛋糕　王小云的酒

（5）生日蛋糕　大蛋糕　红葡萄酒　北京烤鸭

2 句型替换 Pattern drills

（1）A：今天是（几月）几号？
　　B：今天是十一月八号。
　　A：明天是星期几？
　　B：明天是星期四。

（2）A：六月五号是不是星期六？
　　B：六月五号不是星期六，
　　　是星期五。
　　A：星期五你有没有课？
　　B：我上午有课，下午没有课。

星期一	星期二	星期三	星期四	星期五	星期六	星期日
1	2	3	4	5	6	7
8	9	10	11	12	13	14
15	16	17	18	19	20	21
22	23	24	25	26	27	28
29	30					

（3）A：星期一是几号？
　　B：星期一是十二月十四号。
　　A：星期一他做什么？
　　B：他去朋友家。

星期五	看京剧
星期六	参加聚会
星期日	吃烤鸭

（4）A：你现在忙不忙？
　　B：我现在很忙。
　　A：你星期几有时间？
　　B：我星期五下午有时间。

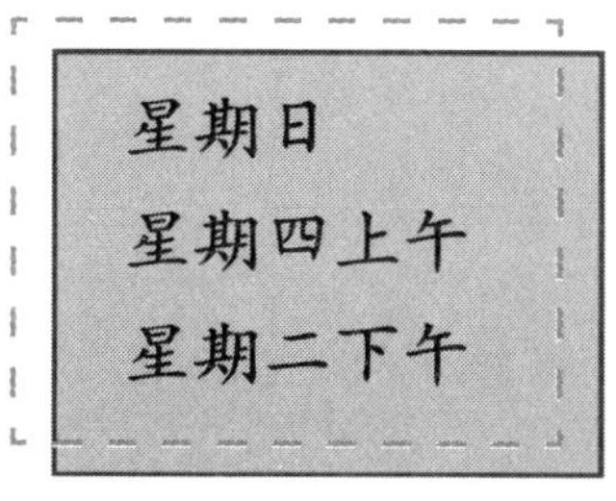

（5）A：你几号来北京？
B：我下月二号来北京。
A：下月二号是星期几？
B：下月二号是星期一。

去	加拿大
来	中国
去	美国

（6）A：你今年多大？
B：我今年21岁。
A：你的生日是哪天？
B：我的生日是8月21号。

19	1月6日
20	3月12日
22	4月22号

（7）A：你是哪儿人？
B：我是北京人。
A：北京怎么样？
B：北京很漂亮。

上海（Shànghǎi　Shanghai）
莫斯科（Mòsīkē　Moscow）
多伦多（Duōlúnduō　Toronto）
纽约（Niǔyuē　New York）
伦敦（Lúndūn　London）

（8）A：你参加明天的聚会吗？
B：我当然参加。
A：我买两瓶红葡萄酒，好吗？
B：好啊，我买一个大蛋糕。

两瓶可乐（kělè）	五个汉堡（hànbǎo）
三瓶雪碧（xuěbì）	八个热狗（règǒu）
六瓶啤酒（píjiǔ）	九个面包（miànbāo）
八瓶牛奶（niúnǎi）	两只烤鸭

3 回答下列问题 Answer the following questions

（1）一年有几个月？
（2）一年有多少个星期？
（3）一个星期有几天？
（4）十一月有多少天？
（5）十一月有几个星期天？
（6）今天几月几号？星期几？
（7）星期天是几号？
（8）星期天你做什么？
（9）你喜欢吃什么？
（10）你喜欢喝茶（chá）吗？喜欢吃米饭（mǐfàn）吗？

4 会话练习 Conversation Practice

【约会 Making an appointment】

（1）A：你怎么样？忙不忙？
B：________________。
A：星期五下午你有时间吗？我们去______________，好吗？
B：太好了，我当然去。

（2）A：十二号你有时间吗？
B：十二号是星期三吗？
A：不是，十二号是星期四。我们下午有个聚会，你参加不参加？
B：对不起，________________，恐怕不行。
A：没关系。

【问年龄和出生地 Asking about someone's age and birthplace】

（1）A：你今年多大？
B：我今年二十八（岁）。
A：你的生日是哪天？
B：星期五是我的生日。
A：祝你生日快乐！
B：谢谢。

（2）A：您是哪儿人？
B：我是上海（Shànghǎi）人。
A：你爸爸、妈妈都在上海吗？
B：不，他们现在______________。
A：他们都好吗？
B：他们都很好，谢谢。

（3）A：你哥哥有孩子吗？
B：他有一个女儿（nǚ'ér）和一个儿子（érzi）。
A：他们今年几岁？
B：女儿_____________，儿子_____________。

【祝贺生日 Celebrating someone's birthday】

（1）A：下星期五是林娜的生日，我们有个聚会。你来不来？
B：我当然来。__________________________，好吗？

A：好啊！我买______________。

B：太好了，我们喝葡萄酒，吃蛋糕和寿面。

（2）A：今天是你的生日，祝你生日快乐！

B：谢谢。你们来，我很高兴。

5 交际练习 Communication exercises

Your friend is going to make an appointment with you. Please reply according to your schedule for the next week:

	上午	下午	晚上(wǎnshang)
星期一	汉语课		朋友来
星期二	文化课	汉语课	
星期三	汉语课		游泳
星期四		汉语课	
星期五	汉语课	打球	
星期六	看朋友		看京剧
星期日		生日聚会	

四 阅读与复述 Reading Comprehension and Paraphrasing

宋华是经济系的学生，北京人，1990年出生。今年十月二十一日是他十九岁的生日。星期天下午，他的好朋友们有一个聚会，王小云、林娜、丁力波和马大为都来祝贺他的生日。他们在北京烤鸭店（diàn，store）吃烤鸭和寿面，喝红葡萄酒。朋友们祝宋华生日快乐，宋华非常高兴。

林娜的生日是十一月十二号。宋华说那天他们再来吃寿面和烤鸭。

五 语 法 Grammar

1. 年、月、日和星期 Expressing the date and days of the week

In Chinese, the four figures making up the name of a year are read out as four separate numbers and "年" is put at the end. For example:

一九九八年　yī jiǔ jiǔ bā nián
二〇〇〇年　èr líng líng líng nián
二〇〇二年　èr líng líng èr nián
二〇一〇年　èr líng yī líng nián

The names of the 12 months are produced by combining the cardinal numbers 1 to 12 with "月". For example:

一月	yīyuè	January	七月	qīyuè	July
二月	èryuè	February	八月	bāyuè	August
三月	sānyuè	March	九月	jiǔyuè	September
四月	sìyuè	April	十月	shíyuè	October
五月	wǔyuè	May	十一月	shíyīyuè	November
六月	liùyuè	June	十二月	shí'èryuè	December

The names of the dates are produced by combining cardinal numbers 1 to 30 (or 31) with "号" (spoken form) or "日" (written form). For example:

（二月）六号　（èryuè）liù hào　February 6
（十月）十二号　（shíyuè）shí'èr hào　October 12
（十一月）二十二日　（shíyīyuè）èrshí'èr rì　November 22
（十二月）三十一日　（shí'èryuè）sānshíyī rì　December 31

If one mentions a date in the current month, one can omit "月" and simply say "……号".

The cardinal numbers from 1 to 6 follow "星期" are used to express Monday to Saturday. The name for Sunday is "星期天" (spoken form) or "星期日" (written form).

星期一　xīngqīyī　Monday
星期二　xīngqī'èr　Tuesday
星期三　xīngqīsān　Wednesday
星期四　xīngqīsì　Thursday
星期五　xīngqīwǔ　Friday
星期六　xīngqīliù　Saturday
星期日　xīngqīrì　Sunday

The word order for expressing the date and days of the week is:

年 + 月 + 日 + 星期

二〇〇九年十二月二十五日　　星期五

2009年 12 月 25 日　　星期五

2. 表时间的词语作状语 Words expressing time as adverbials

Words expressing time, such as "现在", "今天", "下午", "二月二十号" can function as adverbials to indicate the time of occurrence of an action or a state. Adverbials of time can be placed either: (1) after the subject and before the main element of the predicate or (2) before the subject to emphasize the time.

S + TW + VO / A

Subject	Predicate		
	Time words	V O / A	
我	上午、下午	都有课。	
中国人	生日	吃蛋糕	吗？
宋华	1990年10月21日	出生。	
我	今天	很 忙。	

TW + S + VO / A

Time words	Subject	Predicate		
			V	O / A
明天上午	你		有没有	课？
今天	我们		吃	北京烤鸭。
11月12号	我们	再	来吃	寿面。
今天	我	很		忙。

Note:

(1) Adverbials of time can never be placed after the predicative verb. For example, one cannot say "我们吃烤鸭今天".

(2) If there is more than one word expressing time in one adverbial, a large unit of time should be put before a smaller one. For example: "明天上午", "星期日下午".

3. 名词谓语句 Sentences with a nominal predicate

Nouns, noun phrases, and numeral-measure words can function directly as the predicate of a sentence and do not need the verb “是”. This kind of sentence is especially used to express age, price (see Lesson 10), and so on, in spoken language. It is also used to express time (see Lesson 11) or birth place.

S + Nu-M

Subject	Predicate
	Nu-M
宋华	今年 十九岁。
林娜	二十岁。

4. 用“……，好吗？”提问 Using “……，好吗？” to ask a question

Questions with “……，好吗？” are often used to give a suggestion or ask for someone's opinion. The first part of such a question is a declarative sentence, and its last part can also be “可以吗？”.

我们买一个大蛋糕，好吗？

我们去游泳（yóuyǒng），好吗？

现在去，可以吗？

六 综合练习 Comprehensive Practice

1 听问题并圈出正确答案。
Listen to each question and circle the correct answer.

1. A. 二十　B. 多大　C. 几岁　D. 有
2. A. 三号　B. 生日　C. 星期　D. 十月
3. A. 学生　B. 下午　C. 上午　D. 没有
4. A. 很好　B. 什么　C. 今天　D. 那儿
5. A. 参加　B. 聚会　C. 祝贺　D. 星期

2 听对话并判断正误。

Listen to the following dialogue and decide whether the statements are true (T) or false (F).

1. 今天是小力的生日。（　）
2. 今天四月四号。（　）
3. 小力不忙。（　）
4. 今天也是小力弟弟的生日。（　）

3 听录音并填空。

Listen and fill in the blanks.

1. 明天________我有课。
2. 你星期六有________吗？
3. 你的________是哪天？
4. 喝红酒，吃________。
5. 今天是十月________号。
6. 我________有时间。

4 互动练习：谈论课程安排。

Interactions: talk about this class schedule.

语言学院汉语系

姓名：丁力波

	上午	下午	晚上
星期一	汉语	中国美术	
星期二	汉语	中国文学	中国哲学（选修）
星期三	中国历史	汉语	
星期四	汉语	中国文化	中国经济（选修）
星期五	汉语	音乐	

For example:

(1) A：丁力波星期一上午有没有课？
B：他有课。
A：他有什么课？
B：他有汉语课。

(2) A：丁力波星期二晚上有时间吗？
B：他没有时间，他有哲学课。

(3) A：丁力波什么时候有中国美术课？
B：他星期一下午有中国美术课。

(4) A：丁力波的历史课是星期几？
B：星期三。

5 和你的同学一起，根据下面学生证的信息提问并回答问题。

Work with your partner and ask and answer questions according to the following student I.D.

经济学院　学生证	号码：123456
姓　名：宋华	性　别：男
出生日期：1990年10月21日	出生地：北京市
专　业：经济法	
住　址：经济学院学生宿舍3层325号	

6 完成下列对话。

Complete the following dialogues.

(1) A：________________？
B：明天下午我有课。

(2) A：________________？
B：我今年二十岁。

(3) A：________________？
B：今天是八月一号。
A：________________？
B：星期五。

7 连接 I 和 II 两个部分的词，组成词组。

Match the words from part I with those from part II to make phrases. Draw lines to connect them.

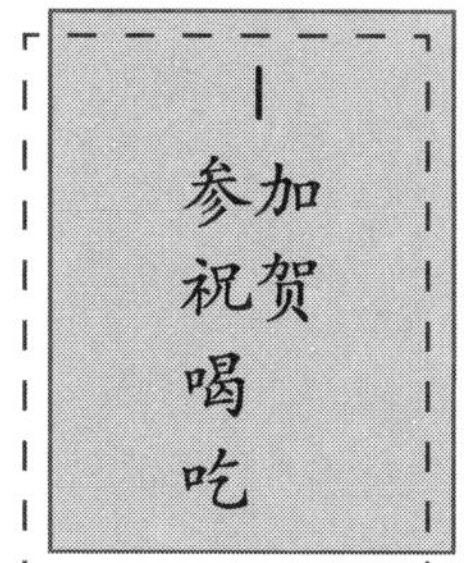

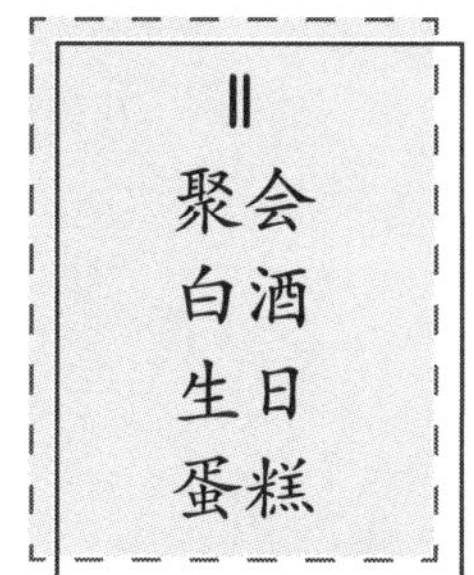

8 把下列陈述句换成带“吗”的问句或“动词／形容词＋不＋动词／形容词”结构的问句。

Change the following statements into questions with “吗” or V/A-不-V/A questions.

(1) 他的生日是一月一号。
(2) 我买两瓶红酒。
(3) 明天我有课。
(4) 生日聚会他们吃寿面。
(5) 我生日很快乐。

9 用所给的词造句。

Make sentences with the words given.

多大：________________

快乐：________________

漂亮：________________

买：________________

祝贺：________________

10 根据本课课文判断正误。

Decide whether the statements are true (T) or false (F) according to the text of this lesson.

(1) 宋华是上海人。 (　　)

(2) 宋华今年二十二岁。 (　　)

(3) 星期四下午我们有个聚会。 (　　)

(4) 中国人过生日吃寿面。 (　　)

11 判断下列句子语法是否正确。

Decide whether the statements are grammatically correct (√) or wrong (×).

(1) 他今年多岁？ (　　)

(2) 他今年多大？ (　　)

(3) 我们买大一个蛋糕。 (　　)

(4) 明天二十三号十月。 (　　)

(5) 我喜欢很烤鸭。 (　　)

12 读短文并回答问题。

Read the passage and answer the questions.

今天是十月五号，是小王的生日。他的朋友都来参加生日聚会。朋友们买很多礼物（lǐwù, gift）来参加聚会：有红葡萄酒，有烤鸭，还有大蛋糕。大家（dàjiā, all of the people）都很高兴。

问题 Questions

(1) 今天是几月几号？是什么日子？

(2) 朋友们来参加什么活动（huódòng，activity）？

(3) 他们买什么来参加活动？

(4) 他们高兴不高兴？

13 阅读下列材料并做练习。

Read the following materials and do the exercises.

(1) Read the following clipping from the Chinese newspaper 人民日报 (Rénmín Rìbào, *People's Daily*) and fill in the following blanks.

This newspaper was issued (in Beijing) on: ________________

Year, month and day: ________________

Day of the week: ________________

(2) Circle or highlight the characters in this newspaper clipping that you have learned so far.

人民日報
RENMIN RIBAO
人民网 网址：http://www.people.com.cn
手机：http://wap.people.com.cn

2009年5月
6
星期三
己丑年四月十二
人民日报社出版
国内统一连续出版物号
CN 11- 0065
第22215期（代号1-1）
今日16版

(3) Read the following clipping from the Chinese newspaper 北京青年报 (Běijīng Qīngniánbào, *Beijing Youth Daily*) and fill in the following blanks.

This newspaper was issued (in Beijing) on: ________________

Year, month and day: ________________

Day of the week: ________________

(4) Circle or highlight the characters in this newspaper clipping that you have learned so far.

一马 北京青年报 当先
BEIJING YOUTH DAILY
节日刊
■2002 年 2 月 14 日■星期四■农历壬午年正月初三■第 4889 期■统一刊号/CN11-0103■国外发行代号/D1253■

文化知识 Cultural Notes

Holidays and Festivals in China

Besides National Day (October 1st) and International Labour Day (May 1st), which are the two major official holidays celebrated all over the country, there are many other traditional holidays and festivals in China.

The Spring Festival (Chinese New Year's Day) falls on the first day of the first month on the Chinese lunar calendar (usually in January or February of the solar calendar), and the day before it is Chinese New Year's Eve. The Han people and other ethnic minorities in China all celebrate the Spring Festival, with such activities as setting off firecrackers (now prohibited in some cities), pasting *chunlian* (couplets matching each other in sound and meaning, written on red paper) on the door, extending New Year's greetings to each other, and performing the *yangge* (literally, "rice seedling song") dance and the lion dance.

The fifteenth day of the first lunar month is the *Yuanxiao* Festival, also known as the Lantern Festival or *Shangyuan* Festival. The special food for this festive day is called *yuanxiao*, a ball-shaped dumpling made of glutinous rice flour with sweet sesame or meat stuffing.

Qingming (Clear and Bright) Festival is on the fourth or fifth day of April. This is the time of year when people go out to the tombs and memorials to pay tribute to the dearly departed and national heroes.

Duanwu or the Dragon Boat Festival is celebrated on the fifth day of the fifth lunar month (June of the solar calendar). This is a festival dedicated to the memory of Qu Yuan, the great poet-statesman from the State of Chu during the Warring States Period (475-221 BC), who drowned himself in protest against the corrupt government of Chu's king. The traditional food for the Dragon Boat Festival is *zongzi.* People wrap glutinous rice with bamboo leaves. The boat race to save Qu Yuan's body was the origin of the dragon boat race, which is held on this day every year.

The Mid-Autumn Festival, which falls on the fifteenth day of the eighth lunar month (September of the solar calendar), is also known as Family Reunion Day. This is a time when the whole family enjoys getting together to look at the full moon, and to eat delicious moon cakes.

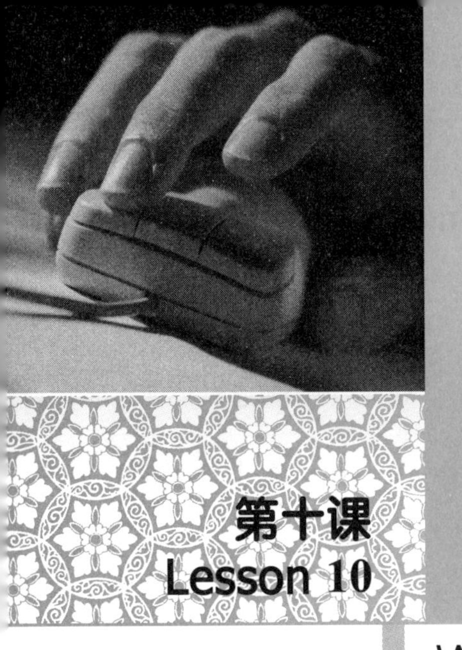

Bargaining for discounts in China can make shopping quite an experience! This lesson will show you how Chinese currency is used. Now is a chance to talk more about yourself. You will learn how to describe your likes, interests, and hobbies. You will also learn what to do when you can't think of the right thing to say.

第十课 Lesson 10

Wǒ zài zhèr mǎi guāngpán
我在这儿买光盘

一 课文 Text

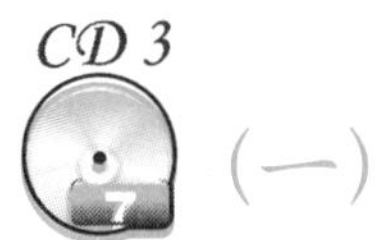

(一)

Wáng Xiǎoyún: Dàwéi, nǐ zài zhèr mǎi shénme?
王小云：大为，你在这儿买什么？

Mǎ Dàwéi: Wǒ mǎi yīnyuè guāngpán.
马大为：我买音乐光盘。

Wáng Xiǎoyún: Nǐ chángcháng lái zhèr ma?
王小云：你常常来这儿吗？

Mǎ Dàwéi: Wǒ bù cháng lái zhèr. Xīngqītiān wǒ chángcháng gēn Lín Nà qù xiǎo shāngchǎng. Zhè ge shāngchǎng hěn dà.①
马大为：我不常来这儿。星期天我常常跟林娜去小商场。这个商场很大。①

Wáng Xiǎoyún: Nǐ xǐhuan shénme yīnyuè?
王小云：你喜欢什么音乐？

【谈喜好】
Likes and dislikes

Mǎ Dàwéi：Wǒ xǐhuan Zhōngguó yīnyuè. Zhè zhāng guāngpán zěnmeyàng?
马大为：我 喜欢 中国 音乐。这 张 光盘 怎么样？

Wáng Xiǎoyún：Zhè zhāng hěn hǎo，shì 《Liáng Zhù》，hěn yǒumíng.
王小云：这 张 很 好，是《梁 祝》，很 有名。

Mǎ Dàwéi：Hǎo，wǒ mǎi zhè zhāng. Zhèr yǒu méiyǒu shū hé bàozhǐ?
马大为：好，我 买 这 张。这儿 有 没有 书 和 报纸？

Wáng Xiǎoyún：Zhèr méiyǒu shū，yě méiyǒu bàozhǐ.
王小云：这儿 没有 书，也 没有 报纸。

Mǎ Dàwéi：Běnzi ne?
马大为：本子 呢？

Wáng Xiǎoyún：Yǒu，zài nàr mǎi. Gēn wǒ lái，wǒ yě mǎi běnzi.
王小云：有，在 那儿 买。跟 我 来，我 也 买 本子。

生词 New Words

1	光盘	N	guāngpán	CD 一张光盘
2	常常	Adv	chángcháng	often 常常来，常常去，常常看，常常做
	常	Adv	cháng	often 不常
3	跟	Prep / V	gēn	with / to follow 跟他来，跟林娜去，跟我学
4	商场	N	shāngchǎng	market, bazaar, shopping mall 在商场，进商场
	商	N	shāng	trade, commerce
5	有名	A	yǒumíng	famous 有名的教授，有名的医生
6	书	N	shū	book 外语书，汉语书，有名的书，看书
7	报纸	N	bàozhǐ	newspaper 买报纸，看报纸
8	本子	N	běnzi	notebook 一个本子，买本子
9	那儿	Pr	nàr	there 去那儿，在那儿
10	梁祝	PN	Liáng Zhù	(name of a Chinese violin concerto)

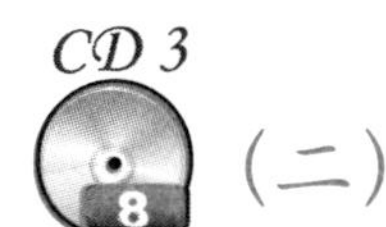

（二）

Shīfu: Xiānsheng, nín yào shénme?
师傅：先生，您要什么？[2]

Dīng Lìbō: Nǐ hǎo, shīfu. Qǐngwèn, zhè shì shénme?
丁力波：你好，师傅。[3] 请问，这是什么？

Shīfu: Nín bú rènshi ma? Zhè shì xiāngjiāo píngguǒ.
师傅：您不认识吗？这是香蕉苹果。

Dīng Lìbō: Duìbuqǐ, wǒ shì wèn: Zhè ge Hànyǔ zěnme shuō?
丁力波：对不起，我是问：这个汉语怎么说？[4]

【解决语言困难】
Solving language problems

Shīfu: À, nín shì wàiguó rén. Nín zài nǎr gōngzuò?
师傅：啊，您是外国人。您在哪儿工作？

Dīng Lìbō: Wǒ zài Yǔyán Xuéyuàn xuéxí.
丁力波：我在语言学院学习。

Shīfu: Nín xuéxí Hànyǔ, shì bu shì? Nín gēn wǒ xué, hěn róngyì: Zhè jiào xiāngjiāo, zhè jiào xiāngjiāo píngguǒ, zhè yě shì píngguǒ, nà shì pútao……
师傅：您学习汉语，是不是？[5] 您跟我学，很容易：这叫香蕉，这叫香蕉苹果，这也是苹果，那是葡萄……

【买东西】
Shopping

Dīng Lìbō: Xiāngjiāo、píngguǒ、xiāngjiāo píngguǒ…… Yì jīn píngguǒ duōshao
丁力波：香蕉、苹果、香蕉苹果……一斤苹果多少

qián?
钱？[6]

Shīfu: Yì jīn sān kuài wǔ máo qián.
师傅：一斤三块五毛钱。[7]

Dīng Lìbō: Nín de píngguǒ zhēn guì.
丁力波：您的苹果真贵。

Shīfu: Yì jīn sān kuài wǔ bú guì. Nín kàn, wǒ de píngguǒ dà. Hǎo,
师傅：一斤三块五不贵。您看，我的苹果大。好，

zuò ge péngyou, sān kuài qián yì jīn.
做个朋友，三块钱一斤。

Dīng Lìbō: Yì jīn xiāngjiāo duōshao qián?
丁力波：一斤香蕉多少钱？

Shīfu: Liǎng kuài qī máo wǔ fēn yì jīn, wǔ kuài qián liǎng jīn.
师傅：两块七毛五分一斤，五块钱两斤。

Dīng Lìbō: Wǒ mǎi sì jīn xiāngjiāo hé liǎng jīn píngguǒ.
丁力波：我买四斤香蕉和两斤苹果。

Shīfu: Yígòng shíliù kuài qián. Zài sòng nín yí ge píngguǒ. Nín hái
师傅：一共十六块钱。再送您一个苹果。您还

yào shénme?
要什么？

Dīng Lìbō: Bú yào le, xièxie. Gěi nǐ qián.
丁力波：不要了，谢谢。[8] 给你钱。

Shīfu: Hǎo, nín gěi wǒ èrshí kuài qián, wǒ zhǎo nín sì kuài qián.
师傅：好，您给我二十块钱，我找您四块钱。

Zàijiàn.
再见。

Dīng Lìbō: Zàijiàn!
丁力波：再见！

生词 New Words

1	师傅	N	shīfu	master 张师傅，王师傅
2	香蕉苹果		xiāngjiāo píngguǒ	apple with the taste of a banana 一个香蕉苹果
	香蕉	N	xiāngjiāo	banana 买香蕉
	苹果	N	píngguǒ	apple 一个苹果
3	怎么	Qpr	zěnme	how 怎么说，怎么做，怎么去，怎么介绍
4	容易	A	róngyì	easy 很容易，不容易，真容易，不太容易
5	葡萄	N	pútao	grape
6	斤	M	jīn	*(a measure word of weight, it is equal to 500g)* 一斤苹果，两斤葡萄
7	钱	N	qián	money 多少钱
8	块（钱）	M	kuài（qián）	*(a measure word of basic Chinese monetary unit, it is equal to 10 jiao) yuan* 两块钱，十二块钱，二十块钱
9	毛（钱）	M	máo（qián）	*(a measure word of Chinese monetary unit, it is equal to 1 / 10 yuan) jiao* 两毛钱，六毛钱
10	贵	A	guì	expensive, precious 很贵，真贵，不太贵，不贵
11	做	V	zuò	to be, to make 做个朋友，做好朋友
12	分（钱）	M	fēn（qián）	*(a measure word of Chinese monetary unit, it is equal to 1 / 100 yuan) fen* 一分钱，八分钱
13	送	V	sòng	to give (as a present) 送蛋糕，送葡萄酒
14	给	V	gěi	to give 给他，给师傅，给我，给香蕉
15	找（钱）	V	zhǎo（qián）	to give change 找钱

补充生词 Supplementary Words

1.	售货员	N	shòuhuòyuán	shop assistant, salesperson
2.	作家	N	zuòjiā	writer
3.	书店	N	shūdiàn	bookstore
4.	体育馆	N	tǐyùguǎn	gym
5.	公园	N	gōngyuán	park
6.	便宜	A	piányi	cheap, inexpensive
7.	本	M	běn	(*a measure word for books and notebooks*)
8.	支	M	zhī	(*a measure word for stick-like things such as pens*)
9.	笔	N	bǐ	pen
10.	份	M	fèn	(*a measure word for publications such as newspapers*)
11.	元	M	yuán	(the same as *kuai*, but it is used in written language)
12.	卖	V	mài	to sell
13.	杯	M	bēi	cup, glass

二 注释 Notes

① 这个商场很大。

When the demonstrative pronoun "这" or "那" is used as an attributive, a measure word is generally inserted between it and the noun it modifies. For instance: "这张光盘", "那个朋友", "那瓶酒".

② 先生，您要什么？

In addition to being used as a general form of address for a male adult, "先生" can be used as a title of respect to address a senior scholar or specialist, regardless of sex. sometimes a woman also uses "我先生" to refer to her husband.

The two expressions "您要什么?", "您还要什么?", are commonly used to ask what someone wants. Shop clerks or hotel attendants often use these phrases when offering help to customers.

③ 你好，师傅。

"师傅" is a respectful form of address for workers and people in the service trades. It may be used to address taxi and bus drivers, ticket sellers, cooks, and hotel staff. There is a tendency now to increase the range of its usage. Sometimes the people mentioned above also use it to address people of other trades and professions.

④ 我是问：这个汉语怎么说？

"I am asking how to say this in Chinese. (What is this in Chinese?)"

"怎么 + V" is often used to ask about the ways one should act or how one should do something. "怎么" is an adverbial, modifying verbs. For example: "怎么说?""怎么做?""怎么去?" "怎么介绍?".

⑤ 您学习汉语，是不是？

"……, 是不是?" (or "……, 是吗?") is a sentence pattern we use to express opinion or speculation, with the expectation of a response from the listener. The affirmative answer to this question is "是啊!", and the negative answer is "不(是)". For example:

A：你喜欢中国音乐，是吗？

B：是啊。

⑥ 一斤苹果多少钱？

"How much is one *jin* of apples?"

"一斤……多少钱?" is a common sentence pattern we use to ask the price of something when shopping. This is a sentence with the noun phrase as the predicate. The predicate "多少钱" is placed immediately after the subject "一斤苹果". Note that the first part (the subject) and the second part (the predicate) can be inverted. We may also say:

A：多少钱一斤（苹果）？

B：三块五一斤。

Although the official Chinese system of weights and measures stipulates that "公斤 (gōngjīn, kilo)" is the basic unit, people are still accustomed to using the "斤", which is equivalent to half a kilogram.

In a supermarket or department store, people do not usually bargain over the price, but when shopping in a free market or at a stall, they frequently bargain.

⑦ 一斤三块五毛钱。

The various monetary units in 人民币 (Rénmínbì), the Chinese currency, are: "元 (yuán)", "角 (jiǎo)", and "分 (fēn)". In spoken Chinese, we often use "块 (kuài)" for "元", and "毛 (máo)" for "角". When "毛" or "分" is at the end, "毛钱" and "分钱" can be omitted. For example:

1.75元 —— 一块七毛五（分钱）

4.80元 —— 四块八（毛钱）

Note: When "2毛" is at the beginning of an amount of money, people say "两毛". When "2分" is at the end of an amount of money, the expression "二分" is often used. For example:

0.22元 —— 两毛二（分）

⑧ 不要了，谢谢。

"No, thanks."

三 练习与运用 Drills and Practice

● 核心句 KEY SENTENCES

1. 我常常跟林娜去小商场。
2. 这个商场很大。
3. 这个汉语怎么说？
4. 三块钱一斤。
5. 一斤香蕉多少钱？
6. 您在哪儿工作？
7. 再送您一个苹果。
8. 您给我二十块钱。

1 熟读下列词组 Read the following phrases until you learn them by heart

（1）这张光盘 这个学生 这个人 这个学院 这个苹果 这个蛋糕
那张名片 那个朋友 那个小姐 那个系 那个学生 那瓶酒
哪张照片 哪个老师 哪个先生 哪个专业 哪个苹果 哪个本子

（2）买光盘 送名片 给钱 吃寿面 看书 做工作 认识你 喜欢音乐
买苹果 给照片 找钱 喝酒 看报 学专业 给他 学习汉语

（3）在中国学习 在外国工作 在这儿买书 在那儿看报 在商场工作
跟我来 跟他去 跟我学 跟老师说汉语 跟朋友去商场

2 句型替换 Pattern drills

（1）A：你在哪儿学习？
B：我在语言学院学习。
A：你学习什么专业？
B：我学习汉语专业。
A：你忙不忙？
B：我很忙。

中文系	文学
外语系	语言
外语学院	英语

（2）A：你爸爸在哪儿工作？
B：他在北京工作。
A：他做什么工作？
B：他是教授。
A：他好吗？
B：谢谢你，他很好。

商场	售货员 (shòuhuòyuán)
北京	作家 (zuòjiā)
学校	老师

（3）A：星期天你常常去哪儿？
B：星期天我常常去商场。
A：你跟谁去商场？
B：我跟林娜去商场。

书店 (shūdiàn)	我朋友
体育馆 (tǐyùguǎn)	安东宁
公园 (gōngyuán)	我弟弟

（4）A：他送他朋友什么？

B：他送他朋友一张光盘。

A：这张光盘怎么样？

B：这张光盘很贵。

一个大蛋糕	漂亮
一瓶葡萄酒	便宜 (piányi)
一本 (běn) 书	有意思

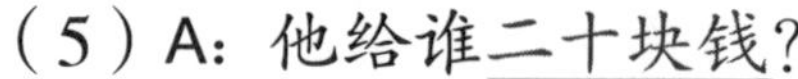

（5）A：他给谁二十块钱？

B：他给师傅 二十块钱。

一张名片	力波
一张照片	老师
一个本子	妹妹
一本外语书	弟弟

（6）A：您买什么？

B：我买两斤葡萄。一共多少钱？

A：一共五块钱。

两瓶酒	79.8元(yuán)
三支(zhī)笔(bǐ)	7.5元
一份(fèn)报纸	2.6元

（7）A：这个师傅的葡萄 大不大？

B：这个师傅的葡萄不大，

那个师傅的葡萄大。

外语系的学生	多	汉语系的学生
这一课	容易	那一课
这儿的烤鸭	贵	那儿的烤鸭
这张照片	漂亮	那张照片

3 跟你的同学口头做下面的练习

Practice the following exercises verbally with your classmate

A game of giving change

E.g. A：一共3.24元，我给您5元。

B：我找您1.76元。

→ A：一共三块两毛四，我给您五块。

B：我找您一块七毛六。

（1）A：一共7.69元，我给您8元。

B：我找您____________________。

（2）A：一共13.12元，我给您15元。

B：我找您＿＿＿＿＿＿＿＿＿＿。

（3）A：一共22.78元，我给您30元。

B：我找您＿＿＿＿＿＿＿＿＿＿。

（4）A：一共31.49元，我给您50元。

B：我找您＿＿＿＿＿＿＿＿＿＿。

（5）A：一共84.92元，我给您100元。

B：我找您＿＿＿＿＿＿＿＿＿＿。

4 根据下列陈述句用疑问代词提问题 Change the following declarative sentences into questions with interrogative pronouns

（1）这个商场很有名。（Ask two questions）

（2）一斤葡萄两块七毛钱。（Ask three questions）

（3）他送我三瓶酒。（Ask four questions）

（4）我哥哥在商场卖（mài）光盘。（Ask five questions）

（5）林娜常常跟宋华学习汉语。（Ask six questions）

5 会话练习 Conversation Practice

【谈喜好 Likes and dislikes】

（1）A：你喜欢什么专业？

B：我喜欢＿＿＿＿＿＿。

A：你喜欢哪国文学？

B：我喜欢＿＿＿＿＿＿文学。＿＿＿＿＿＿有很多有名的作家。

（2）A：你喜欢不喜欢哲学？

B：我＿＿＿＿＿＿哲学，我喜欢历史。

A：历史很有意思，我哥哥也喜欢历史。

（3）A：这本书怎么样？

B：这本书不太好。你喜欢不喜欢？

A：我也不太喜欢。

【买东西　Shopping】

（1）A：您买什么？

B：师傅，有好的葡萄吗？

A：有，这都是。

B：＿＿＿＿＿＿＿＿＿？

A：两块五一斤。您要多少？

B：我要四斤。

A：＿＿＿＿＿＿＿＿＿。您给我五十，我找您＿＿＿＿＿＿＿＿＿。

（2）A：小姐，这儿有本子吗？

B：有。您看，都在这儿。

A：多少钱一个？

B：这个＿＿＿＿＿＿＿＿＿，那个＿＿＿＿＿＿＿＿＿。您要哪个？

A：哪个本子好？

B：都很好。

A：好，我都要，买两个。

B：一共＿＿＿＿＿＿＿＿＿。您给我二十，我找您两毛。

（3）A：先生，您要什么？

B：我要一杯（bēi）咖啡。

A：＿＿＿＿＿＿＿＿＿？

B：不要了，谢谢。

【解决语言困难　Solving language problems】

（1）A：请问，这个汉语怎么说？

B：对不起，我也不知道。

C：这叫词典，汉语词典。

A：谢谢。

（2）A：老师，"cheap"汉语怎么说？

B："便宜"，这个本子很便宜。

（3）A：今年是马年，你属什么？

B：对不起，请您再说一遍。

6 看图会话 Make dialogues based on the pictures

【介绍与认识 Introducing and identifying people】

（1）A：你们认识吗？我来介绍一下。
这是＿＿＿＿＿＿＿＿＿，
这是＿＿＿＿＿＿＿＿＿。
B：认识你很高兴。
C：认识你，我也很高兴。

（2）请问您贵姓？
请问您叫什么名字？
我们认识一下：
我姓＿＿＿＿，叫＿＿＿＿＿。
我的中文名字叫＿＿＿＿＿。

您是哪国人？
您是哪儿人？
您是我们学院的老师吗？
请问你是不是＿＿＿＿＿？

【询问 Enquiring】

（1）那是谁？
他是＿＿＿＿＿＿吗？
他是谁？
他是不是＿＿＿＿＿＿？

（2）请问学生宿舍在哪儿？
丁力波住几层几号？

A：丁力波在吗？
B：他不在。
A：他现在在哪儿？
B：他在＿＿＿＿＿＿＿。

7 交际练习 Communication exercises

(1) Talk with your classmate about what you like or dislike.

(2) Suppose your classmate is a salesperson in a store and you are a customer. You are talking with each other.

四 阅读与复述 Reading Comprehension and Paraphrasing

马大为星期天常常跟林娜去小商场。今天他去一个大商场，商场里东西（dōngxi，things）很多。他在那儿买音乐光盘，王小云也在。马大为喜欢中国音乐。他问王小云什么音乐光盘好，王小云说《梁祝》很有名，外国朋友也喜欢。马大为很高兴，他说："好，我买这张光盘。"马大为还要买书和报纸，这个商场不卖书，也不卖报纸。他跟王小云去买本子和笔。

马大为还常常去书店。那个书店也很大，书很多。他在书店买书，也看书。中国的书不贵。下月二十号是他弟弟的生日。他弟弟喜欢中国功夫（gōngfu，kung fu），马大为要送他弟弟一本《中国功夫》。

五 语法 Grammar

1. 介词词组 Prepositional phrase

In Lesson 5, we have learned the verb "在". "在" is also a preposition. When combined with words expressing location (usually a noun or a phrase indicating place), it forms a prepositional phrase. It is used before the predicative verb to indicate the location of an action.

在 + PW + V O

Subject	Predicate		
	Prep 在 + N	V	O
我	在 这儿	买	光盘。
您	在 哪儿	工作？	
他	不 在 语言学院	学习。	

The preposition "跟……" is often combined with a noun or pronoun after it to form a prepositional phrase and used in front of the predicative verb to indicate the manner of an action.

跟 + Pr / N (person) + V O

Subject	Predicate			
	Prep 跟 + Pr / N		V	O
我	跟	力波	来	这儿。
（你）	跟	我	来。	
您	跟	我	学。	

Note: The prepositional phrases "在……" and "跟……" must be placed before the verb. One cannot say: "我学习在语言学院", "你来跟我".

2. 双宾语动词谓语句（1）：给、送

Sentences with double objects（1）："给" and "送"

Some verbs can take two objects, one in front, referring to people; the other, following, referring to things.

给 / 送 + Pr/ N (person) + NP（thing）

Subject	Predicate		
	V	Object 1	Object 2
您	给	我	二十块钱。
我	找	您	十块钱。
（我）	送	您	一个苹果。

Note: Not all Chinese verbs can take double objects.

3. 形容词谓语句和副词"很"

The adverb "很" in sentences with an adjectival predicate

Many sentences with an adjectival predicate have been studied so far. In this kind of sentence, an adjective follows the subject directly and does not need the verb "是". If there are no other adverbs such as "真", "太" or "不" before the adjective, the adverb "很" is usually placed before it.

S + 很 + A

我很好。

我今天很忙。

这个商场很大。

In this kind of sentence, if the adjective does not have an adverb before it, the sentence has the meaning of comparison. For example:

我忙，他不忙。

我的本子大。（他的本子小。）

The meaning of "很" here is not so obvious. "我很忙" and "我忙" are not much different in degree. In V / A-not-V / A questions, "很" cannot be used, for example: "他高兴不高兴？" one cannot say "他很高兴不很高兴？".

六 综合练习 Comprehensive Practice

1 听录音并回答听到的问题。

Listen and answer the questions you hear.

1. ________________________________
2. ________________________________
3. ________________________________
4. ________________________________
5. ________________________________

2 听对话并判断正误。

Listen to the following dialogue and decide whether the statements are true (T) or false (F).

1. 皮鞋（píxié，leather shoes）很贵。 (　　)
2. 皮鞋和包（bāo，handbag）一共三百块钱。 (　　)
3. 顾客（gùkè，customer）没有买包。 (　　)

3 听录音并填空。

Listen and fill in the blanks.

1. 你还要__________?
2. 再__________你一个橘子。
3. 我给你__________。
4. 一共__________?
5. 这家商店很__________。

4 完成下面的短文。

Complete the following passage.

我们家有______口人：爸爸、妈妈、______和我。我爸爸是______，妈妈是______。他们都很忙。______月______日星期______是我的生日。我属______，今年______岁。

5 完成下列对话。

Complete the following dialogues.

(1) A: ______________?
B：这叫香蕉苹果。

(2) A: ______________?
B：八十六块。

(3) A: ______________?
B：这儿没有报纸。

(4) A: ______________?
B：我喜欢音乐光盘。

6 连接 I 和 II 两个部分的词，组成词组。

Match the words from part I with those from part II to make phrases. Draw lines to connect them.

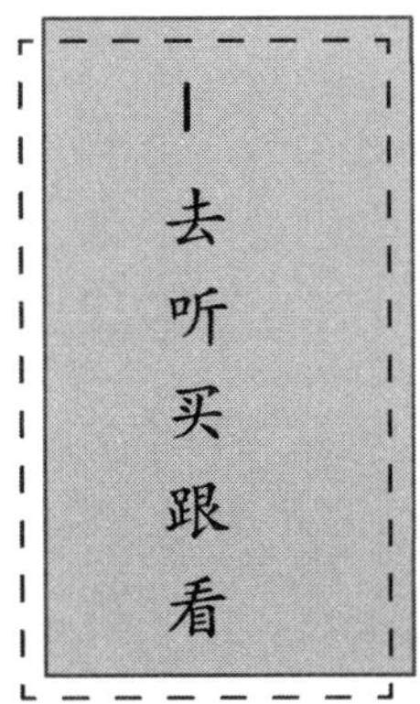

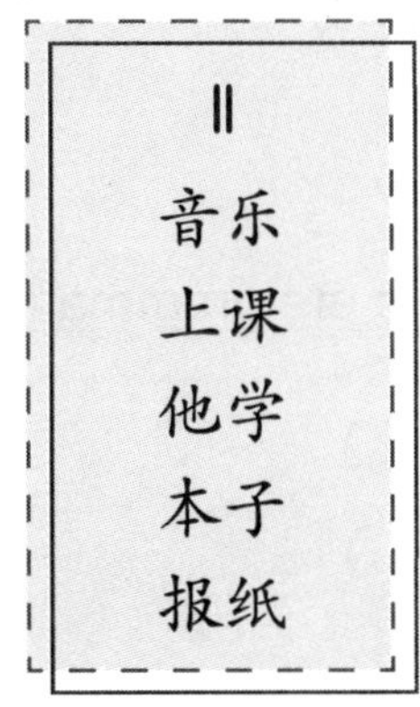

7 把下列句子变成特殊疑问句。

Change the following statements into questions with interrogative pronouns.

(1) "study", 汉语是"学习"。

(2) 他在商场工作。

(3) 一斤苹果两块五毛钱。

(4) 他送我一张光盘。

(5) 他们是医生。

8 用所给词造句。

Make sentences with the words given.

有名：________________________________

跟：________________________________

常常：________________________________

在：________________________________

送：________________________________

什么：________________________________

9 根据本课课文判断正误。

Decide whether the statements are true (T) or false (F) according to the text of this lesson.

(1) 马大为在商场买苹果。 (　　)

(2) 马大为不喜欢中国音乐。 (　　)

(3) 马大为要买本子。 (　　)

(4) 丁力波问苹果多少钱一斤。 (　　)

(5) 一斤香蕉苹果两块七毛五分。 (　　)

10 判断下列句子语法是否正确。

Decide whether the statements are grammatically correct (√) or wrong (×).

(1) 你还要什么? (　　)

(2) 我有三毛两块钱。 (　　)

(3) 你跟我学。 (　　)

(4) 你给十块钱我。 (　　)

11 读短文并回答问题。

Read the passage and answer the questions.

在中国买东西

林娜常常去中国商场买东西，她喜欢买光盘和葡萄酒。她常常问售货员：这张光盘多少钱？那瓶葡萄酒多少钱？这个汉语怎么说？她的汉语不太好，常常要问很多遍。中国的售货员很有耐心（nàixīn，be patient），他们也喜欢和她说汉语。

问题 Questions

(1) 林娜常常去哪儿？

(2) 林娜为什么要问很多遍？

(3) 售货员喜欢跟林娜说汉语吗？

12 读下面的材料并做练习。

Read the following materials and do the exercises.

(1) Read the following clipping from a Chinese periodical and find out:

a. The name of this Chinese periodical:

____

b. The price of this periodical:

____

c. The date this periodical was issued:

____

1999 11 1996（总第176期）

11月1日出版

编　　辑　《家庭》编辑部
地　　址　广州市新河浦四横路14号
邮政编码　510080　电话　(020)87777718
制　　版　广州华南印刷厂
印　　刷　北京二二〇七工厂
国际标准连续出版物号　ISSN 1005－8877
全国统一刊号　CN44－1066/C
国内发行　广东省邮局报刊发行局
订阅处　全国各地邮局
国内代号　46－23
国外发行　中国国际图书贸易总公司
国外代号　M923
零售每册　3.60元
广告经营许可证　粤010162号

(2) Read the following receipt for "China Card" telephone fee and find out:

a. The serial number of the receipt: ______________________________

b. The call fee amount: ______________________________

c. The date of the receipt: ______________________________

北京长途电话局 (2)

Beijing Long Distance Telephone Bureau

流水号: 0610978
Serial Number

中国电话卡话费收据
Receipt of China Card Telephone Fee

姓 名 ____ Name
话费金额 (小写) ____ Call Fee (in small letter)

话费金额 (大写) ___ 佰 ___ 拾 ___ 万 ___ 仟 ___ 佰 ___ 拾 ___ 元 ___
Call Fee (in capital letter)

收款员 ____ Money Collector
日期: 2009 年 1 月 ___ 日
Date: Day Month Year

(盖章有效)
(Valid only bearing a seal)

第二联 用户报销凭证
The Second Ticket Voucher for Subscriber to Apply for Reimbursement

(3) Read the following advertisement and find out the prices of the following items.

Item 0862: ______________ Item 0821: ______________

Item 0824: ______________ Item 0827: ______________

Item 0855: ______________ Item 0861: ______________

0861 ￥ 2.6

蒙牛纯牛奶 250ml/盒
一级 积分:2

0862 ￥ 2.2

伊利高钙奶 250ml/袋
一级 积分:2

0824 ￥ 3.2

白玉黑豆豆浆 330ml/瓶
积分:3

0827 ￥ 3.2

蒙牛凝固型原味酸牛奶 180g/杯
一级 积分:2

0828 ￥ 2.0

蒙牛冠益乳原味酸牛奶 100g/杯
一级 积分:2

0822 ￥ 2.4

三元金丝红枣酸牛奶 180g/杯
一级 积分:2

0821 ￥ 2.5

三元纯牛奶 250ml/盒
一级 积分:2

0855 ￥ 3.2

光明草莓味特浓酸牛奶 200g/盒
一级 积分:3

文化知识 Cultural Notes

Currency

The currency of China is the *Renminbi*, literally "people's currency", abbreviated as "RMB". The basic unit of the RMB is the *yuan* or *kuai*. One-tenth of a *yuan* is called a *jiao* or *mao*, and one one-hundredth of a *yuan* equals one *fen*. Chinese money is issued in paper notes as well as coins, in thirteen different denominations:

Paper money: 100 *yuan*, 50 *yuan*, 20 *yuan*, 10 *yuan*, 5 *yuan*, 2 *yuan*, 1 *yuan*
5 *jiao*, 2 *jiao*, 1 *jiao*

Coins: 1 *yuan*, 5 *jiao*, 1 *jiao*, 5 *fen*, 2 *fen*, 1 *fen*

By the end of this lesson, you will be able to ask the time, hail a taxi, ask whether something is allowed, and indicate your ability to accomplish tasks. We will pay special attention to how Chinese people respond to compliments.

第十一课 Lesson 11

Wǒ huì shuō yìdiǎnr Hànyǔ
我 会 说 一点儿 汉语

一 课 文 Text

CD 3 10

(一)

【问时间】 Asking about time

Lín Nà: Shīfu, wǒ qù Yǔyán Xuéyuàn. Qǐngwèn xiànzài jǐ diǎn?
林娜：师傅，我 去 语言 学院。 请问 现在 几 点？

Sījī: Chà yí kè bā diǎn. Nín huì shuō Hànyǔ a!
司机：差 一 刻 八 点。您 会 说 汉语 啊！

Lín Nà: Wǒ huì shuō yìdiǎnr Hànyǔ. Wǒ shì xuésheng, xiànzài huí xuéyuàn shàngkè.
林娜：我 会 说 一点儿 汉语。① 我 是 学生， 现在 回 学院 上课。

Sījī: Nǐmen jǐ diǎn shàngkè?
司机：你们 几 点 上课？

Lín Nà: Bā diǎn shàngkè. Shīfu, wǒmen bā diǎn néng dào ma?
林娜：八 点 上课。师傅，我们 八 点 能 到 吗？

Sījī: Néng dào. Nín de Hànyǔ hěn hǎo.
司机：能 到。您 的 汉语 很 好。

【表示能力】
Expressing one's ability

Lín Nà: Nǎli, wǒ de Hànyǔ bú tài hǎo. Nín huì bu huì shuō Yīngyǔ?
林娜：哪里，我 的 汉语 不 太 好。② 您 会 不 会 说 英语？

Sījī: Wǒ bú huì shuō Yīngyǔ. Wǒ yě xǐhuan wàiyǔ, chángcháng zài jiā xué diǎnr Yīngyǔ.
司机：我 不 会 说 英语。我 也 喜欢 外语，常常 在 家 学 点儿 英语。

Lín Nà: Shéi jiāo nín Yīngyǔ?
林娜：谁 教 您 英语？

Sījī: Wǒ sūnnür.
司机：我 孙女儿。

Lín Nà: Zhēn yǒu yìsi. Tā jīnnián jǐ suì?
林娜：真 有 意思。她 今年 几 岁？

Sījī: Liù suì. Wǒ de suìshu tài dà le, xué Yīngyǔ bù róngyì.
司机：六 岁。我 的 岁数 太 大 了，学 英语 不 容易。③

Lín Nà: Nín jīnnián duō dà suìshu?
林娜：您 今年 多 大 岁数？④

Sījī: Wǒ jīnnián wǔshí'èr. Yǔyán Xuéyuàn dào le. Xiànzài chà wǔ fēn bā diǎn, nín hái yǒu wǔ fēnzhōng.
司机：我 今年 五十二。语言 学院 到 了。⑤ 现在 差 五 分 八 点，您 还 有 五 分钟。⑥

Lín Nà: Xièxie, gěi nín qián.
林娜：谢谢，给 您 钱。

Sījī: Nín gěi wǒ èrshí, Wǒ zhǎo nín wǔ kuài, OK?
司机：您给我二十，我找您五块，OK?

Lín Nà: Nín huì shuō Yīngyǔ!
林娜：您会说英语！

Sījī: Wǒ yě huì yìdiǎnr. Báibái!
司机：我也会一点儿。拜拜！

Lín Nà: Báibái!
林娜：拜拜！

生词 New Words

1	会	OpV	huì	to have the knowledge of, can 会说汉语
2	(一)点儿	Nu-M	(yì)diǎnr	a little bit 会说一点儿汉语，喝一点儿酒
3	司机	N	sījī	driver
4	点（钟）	M	diǎn(zhōng)	o'clock 两点（钟），八点（钟）
5	差	V	chà	to be short of, to lack
6	刻	M	kè	quarter (of an hour) 一刻（钟），差一刻八点
7	回	V	huí	to return 回学院，回家，回中国，回北京
8	上课	VO	shàngkè	to go to class (both the students and the teacher)
	上	V	shàng	to ascend, to go to 上汉语课，上文化课
9	能	OpV	néng	can, to be able to 能来上课
10	到	V	dào	to arrive 到家，到学院，到商场，到北京
11	哪里	IE	nǎli	no (an expression of modest denial)
12	英语	N	Yīngyǔ	English 会说一点儿英语，学习英语，上英语课
13	孙女儿	N	sūnnǚr	granddaughter on son's side
	女儿	N	nǚ'ér	daughter
14	岁数	N	suìshu	years (of age) 多大岁数
	数	N	shù	number

⑮ 还	Adv	hái	still 还有五分钟
⑯ 分	M	fēn	minute 八点五分，差五分八点
⑰ 拜拜	IE	báibái	bye-bye (transliteration)

补充生词 Supplementary Words

1. 俄语	N	Éyǔ	Russian
2. 法语	N	Fǎyǔ	French
3. 德语	N	Déyǔ	German
4. 日语	N	Rìyǔ	Japanese

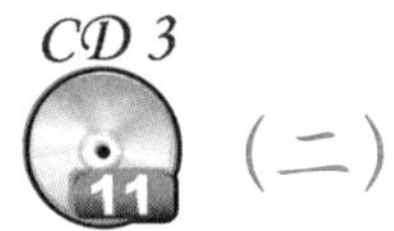

（二）

Dīng Lìbō: Chén lǎoshī, Mǎ Dàwéi jīntiān bù néng lái shàngkè.
丁力波：陈老师，马大为今天不能来上课。

Chén lǎoshī: Tā wèishénme bù néng lái shàngkè?
陈老师：他为什么不能来上课？

Dīng Lìbō: Zuótiān shì xīngqīrì, tā shàngwǔ qù shāngchǎng mǎi dōngxi, xiàwǔ qù péngyou jiā wánr. Tā wǎnshang shíyī diǎn bàn huí xuéyuàn, shí'èr diǎn xiě Hànzì, liǎng diǎn zhōng shuìjiào. Xiànzài tā hái méiyǒu qǐchuáng.
丁力波：昨天是星期日，他上午去商场买东西，下午去朋友家玩儿。他晚上十一点半回学院，十二点写汉字，两点钟睡觉。现在他还没有起床。

Chén lǎoshī: Tā yīnggāi lái shàngkè.
陈老师：他应该来上课。

Dīng Lìbō: Lǎoshī, wǒ néng bu néng wèn nín yí ge wèntí?
丁力波：老师，我能不能问您一个问题？

Chén lǎoshī: Kěyǐ.
陈老师：可以。

【表示允许或禁止】
Expressing permission or prohibition

Dīng Lìbō: Wǒmen wèishénme bā diǎn shàngkè?
丁力波：我们为什么八点上课？

生词 New Words

1	为什么	Qpr	wèishénme	why
	为	Prep	wèi	for
2	昨天	N	zuótiān	yesterday 昨天上午，昨天下午
3	东西	N	dōngxi	things, objects 买东西，吃东西，送东西
4	玩儿	V	wánr	to have fun, to play 去朋友家玩儿，跟朋友玩儿
5	晚上	N	wǎnshang	evening, night 昨天晚上，星期六晚上，五号晚上
6	半	Nu	bàn	half 九点半，半天，半个月，半个星期，半年，半个苹果，半斤葡萄
7	写	V	xiě	to write
8	汉字	N	Hànzì	Chinese character 写汉字，一个汉字
	字	N	zì	character
9	睡觉	VO	shuìjiào	to sleep 十一点睡觉，还没有睡觉
	睡	V	shuì	to sleep
10	起床	VO	qǐchuáng	to get up 六点起床，还没有起床
	起	V	qǐ	to get up, to rise
	床	N	chuáng	bed 一张床

11	应该	OpV	yīnggāi	should, ought to 应该来，应该看，应该祝贺
	该	OpV	gāi	should, ought to
12	问题	N	wèntí	question 一个问题，问问题，有问题，没问题
13	可以	OpV	kěyǐ	may 可以进来，可以问问题，可以去

补充生词 Supplementary Words

1.	下课	VO	xiàkè	to get out of class, to finish class
2.	吃饭	VO	chīfàn	to eat (a meal)
3.	开车	VO	kāichē	to drive a car or a train, etc.
4.	跳舞	VO	tiàowǔ	to dance
5.	唱歌	VO	chànggē	to sing (a song)
6.	回答	V	huídá	to answer
7.	礼物	N	lǐwù	gift, present
8.	表	N	biǎo	watch
9.	吸烟	VO	xīyān	to smoke
10.	难	A	nán	difficult
11.	打的	VO	dǎdī	to hail a taxi

二 注释 Notes

① 我会说一点儿汉语。

"一点儿" is an indefinite measure word expressing the idea of a small amount, and is used to modify a noun. When the language environment is clear, the noun it modifies can be omitted. For example:

A：您会说汉语啊！

B：我会说一点儿（汉语）。

When “一点儿” is not at the beginning of a sentence, “一” may be omitted. For example: “吃（一）点儿烤鸭”, “喝（一）点儿酒”, “看（一）点儿书”.

② 哪里，我的汉语不太好。

“哪里” is actually an interrogative pronoun, and has the same meaning as “哪儿”, but “哪里” here has a negative connotation. It is often used to express modesty when responding to praise. We can also use “是吗？” to express doubt. For example: “是吗？我的汉语不太好”. Whether we use a word expressing negation or doubt, the purpose is to show a modest attitude toward other people's compliments. In Chinese culture, this is regarded as an appropriate response.

③ 学英语不容易。

“It is not easy to learn English.”

④ 您今年多大岁数？

This is a courteous way of asking the age of an elderly or senior person.

⑤ 语言学院到了。

“Here we are at the Language Institute.”

⑥ 您还有五分钟。

“You still have five minutes.”

One of the senses of “还” already learned is to make an additional remark. Another usage of “还” is to express the continuation of a state or an action. For example:

晚上十一点他还工作。（He is still working at eleven o'clock at night.）

他现在还不能看中文报。（He is still unable to read Chinese newspapers.）

他还没有起床。（He still hasn't got out of bed. / He is still in bed.）

三 练习与运用 Drills and Practice

● 核心句 KEY SENTENCES

1. 请问，现在几点？
2. 我会说一点儿汉语。
3. 你们几点上课？
4. 现在差五分八点，您还有五分钟。
5. 他为什么不能来上课？
6. 他昨天下午去朋友家玩儿。
7. 他应该来上课。
8. 我能不能问您一个问题？

1 熟读下列词组 Read the following phrases until you learn them by heart

（1）会说汉语　会说英语　会写汉字　不会问问题　不会学习　不会工作

（2）能来学院　能到商场　能回家　不能看中文书　不能上课　不能喝酒

（3）可以进来　可以坐　可以认识一下
不可以看　不可以说英语　不可以问问题

（4）应该起床　应该睡觉　应该工作　应该玩儿
不应该说　不应该问　不应该来　不应该喝酒

（5）还没有起床　还没有睡觉　还没有写汉字
还不会说汉语　还不能看中文书　还不认识他

（6）说点儿英语　吃点儿蛋糕　喝点儿葡萄酒
买点儿东西　看点儿书　有点儿时间

2 句型替换 Pattern drills

（1）A：现在几点？
B：现在七点四十。

8:30	9:58
10:08	12:15
3:28	5:45

（2）A：你几点起床？

B：我六点十分起床。

下课 (xiàkè)	11:50
吃饭 (chīfàn)	12:15
写汉字	8:20

（3）A：你现在去哪儿？

B：我现在回学院。

A：你回学院做什么？

B：我回学院上课。

去商场	买东西
去朋友家	玩儿
回家	看爸爸、妈妈

（4）A：你今天下午有没有课？

B：有课。

A：你有什么课？

B：我有汉语课。

A：谁教你们汉语？

B：陈老师教我们汉语。

俄语 (Éyǔ)	张教授
法语 (Fǎyǔ)	王先生
德语 (Déyǔ)	安老师
日语 (Rìyǔ)	丁小姐

（5）A：你会游泳吗？

B：我会游泳。

A：你今天能游泳吗？

B：对不起，我今天不能游泳。

开车 (kāichē)
打球
跳舞 (tiàowǔ)
唱歌 (chànggē)

（6）A：你能不能看中文报？

B：我现在还不能看中文报。

A：你为什么不能看中文报？

B：我的汉语还不太好。

学	中国历史
教	汉语
回答 (huídá)	他的问题

（7）A：现在可以问问题吗？

B：可以。

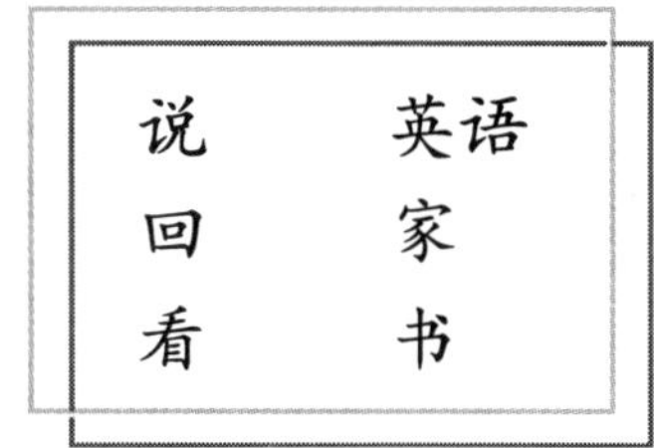

（8）A：明天是不是林娜的生日？

B：是她的生日。

A：我们应该买点儿苹果。

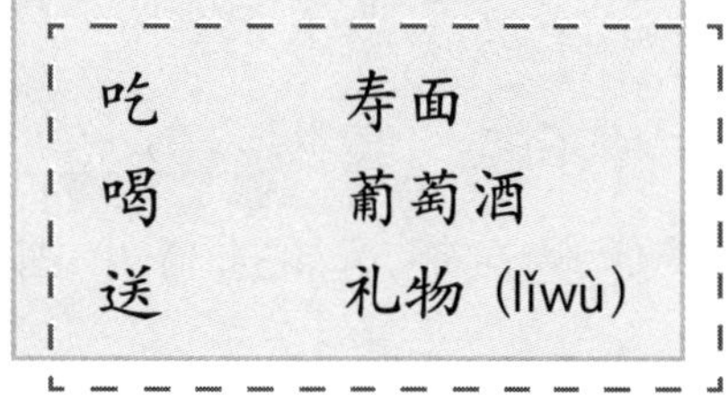

3 根据画线部分提出问题 Ask a question concerning the underlined words in each of the following sentences

（1）现在七点三十八分。

（2）他五点一刻回家。

（3）二月二十二号是他的生日。

（4）明天晚上八点他们有一个聚会。

4 会话练习 Conversation Practice

【问时间 Asking about time】

（1）A：请问，您的表（biǎo）现在几点？

B：________________，我的表快（kuài，fast）一点儿。

A：谢谢。

（2）A：今天晚上你有没有时间？

B：我有时间。

A：你来我家玩儿，好吗？

B：好啊。几点去？

A：________________，怎么样？

B：晚一点儿，________________好吗？

A：好。

【表示能力　Expressing one's ability】

（1）A：你会不会________________？

B：我会一点儿。

A：你能教我吗？

B：好，有时间我们去体育馆练习。

（2）A：这个汉字怎么写？

B：对不起，我也__________。

（3）A：你现在能不能选修中国哲学课？

B：我现在还_____________。

A：为什么？

B：我的汉语还不太好。

【表示允许或禁止　Expressing permission or prohibition】

（1）A：可以进来吗？

B：对不起，请等（děng，to wait）一下。

（2）A：可以吸烟（xīyān）吗？

B：对不起，这儿不可以_________________。

（3）A：老师，今天的课很难（nán），我有问题，能不能问您？

B：________。明天下午我有时间，你四点来，好吗？

A：好，谢谢。

5 交际练习　Communication exercises

(1) Your classmate is a taxi driver, and you want to go to somewhere by taxi. How do you talk with the taxi driver?

(2) Your watch has stopped. How do you ask a passerby the time?

(3) You are talking about families with your friend. How do you ask him/her about the ages of his / her parents and about the children of his/her brothers and sisters?

(4) You are visiting somewhere and you want to find out whether you can take pictures (拍照, pāizhào) or smoke (吸烟, xīyān). How do you ask?

便条(biàntiáo, note)

小云：

你好！

今天下午我来找你，你不在。明天晚上你有时间吗？我们有一个聚会，你能不能参加？七点我们去，好吗？再见。

林娜

十月四日

四 阅读与复述 Reading Comprehension and Paraphrasing

星期天林娜到一个英国朋友家玩儿。星期一八点她有课，七点三刻她打的（dǎdī）回学院上课。这个司机今年五十二岁，他有一个孙女儿，今年六岁。他说林娜的汉语很好。他也喜欢外语，现在跟他孙女儿学英语。他们差五分八点到学院。

马大为星期天很忙。他上午去商场买东西，下午去朋友家玩儿，晚上很晚回学院。他十二点写汉字，两点钟睡觉。星期一八点上课，他八点十分还没有起床。陈老师很不高兴，她问丁力波："马大为在哪儿？"丁力波说马大为现在还没有起床，他不能来上课。

五 语法 Grammar

1. 钟点 Telling time

These words are used to tell time in Chinese: "点（钟）", "刻" and "分". For example, "八点二十五分". In Chinese, people tell time in this way:

2:00 两点（钟） （The "钟" in "点钟" can be omitted.）

2:05 两点（〇）五分（When "分" is a number less than ten, "〇" may be added before it.）

2:10 两点十分

2:12 两点十二（分）（When “分” is more than 10, “分” may be omitted.）
2:15 两点一刻 or 两点十五（分）
2:30 两点半 or 两点三十（分）
2:45 两点三刻 or 差一刻三点 or 两点四十五（分）
2:55 差五分三点 or 两点五十五（分）

The order of time expressions and expressions of date is:

年 +	月 +	日 +	上午/下午/晚上 +		钟点
二〇〇九年	十二月	六日	星期日	晚上	八点二十五
2009年	12月	6日	星期日	晚上	8:25

2. 能愿动词谓语句（1）：会、能、可以、应该

Sentences with the optative verbs (1): “会”, “能”, “可以”, “应该”

Optative verbs such as “会”, “能”, “可以”, “应该”, and “要” are often placed before verbs to express ability, possibility, or willingness.

Optative verbs such as “会”, “能”, and “可以” indicate the ability to do something and can be translated into “can, be able to”.

It should be noted, though, that “会” emphasizes skills acquired through learning, while “能” and “可以” express the possession of skills in general.

（不+）OpV + VO

Subject	Predicate			
	TW	OpV	V	O
你		会不会	说	汉语？
他		不会	打	球。
我		会	写	这个汉字。
谁		会	游泳？	
他孙女儿		能	教	他英语吗？
马大为	今天	能不能	学习？	
你朋友		能	喝	多少酒？
你		可以不可以	介绍一下	你们系？

“能” and “可以” can also be used to express permission or prohibition under specific circumstances. For example:

Subject	Predicate			
	TW	OpV	V	O
我们	八点	能不能	到	那儿？
我	明天	不能	上	课。
（我）		可以	进来	吗？
这儿		不可以	吃	东西。

Subject	Predicate		
	OpV	V	O
他	应该	来 上	课。
你	不应该	去	那儿。

Note:

1. In a sentence with an optative verb, the affirmative-negative form (V/A-不-V/A) is formed by juxtaposing the affirmative and negative forms of the optative verb, that is OpV-不-OpV.

OpV	+ 不	+ OpV	+ V	O
会	不	会	说	汉语
能	不	能	去	
可以	不	可以	介绍	

2. The negative form of “能” and “可以” is usually “不能”. “不可以” is only used to express prohibition. For example: “不可以吸烟 (xīyān)”. If the answer to the question “你可以不可以介绍一下你们系？” is negative, it should be “我不能介绍我们系.” One cannot say “我不可以介绍我们系”.

3. To answer briefly, one may use only the optative verb. For example:

A：你会说汉语吗？
B：不会。

A：可以进来吗？
B：可以。

4. Some optative verbs are also general verbs. For example:

他会英语。
我要咖啡。

3. 连动句：表示目的

Sentences with serial verb phrases: to indicate purpose

In a sentence with a verbal predicate, the subject may take two consecutive verbs or verb phrases. The order of these verb phrases is fixed. In the sentences with serial verb phrases introduced in this lesson, the second verb indicates the purpose of the action denoted by the first verb.

$$S + V_1 O + V_2 O$$

Subject	Predicate				
	TW	V_1	O	V_2	O
我	现在	回	学院	上	课。
他	下午	去不去	朋友家	玩儿？	
他	下午	不去	朋友家	玩儿。	

4. 双宾语动词谓语句(2)：教、问

Sentences with double objects (2): "教" and "问"

Verbs such as "教" and "问" can take double objects, for example:

Subject	Predicate		
	V	Object 1	Object 2
他孙女儿	教	他	英语。
哪个老师	教	你们	中国文化？
他	问	我	一个问题。
他	问	你	什么？

六 综合练习 Comprehensive Practice

CD 3 12 1~3

1 听录音并回答听到的问题。
Listen and answer the questions you hear.

1 ______________________________

2 ______________________________

3 ______________________________

4 ______________________________

5 ______________________________

2 听对话并判断正误。
Listen to the following dialogue and decide whether the statements are true (T) or false (F).

1 女士（nǚshì，lady）八点半上课。 (　　)

2 现在七点。 (　　)

3 司机可以开快点儿。 (　　)

3 听录音并填空。
Listen and fill in the blanks.

1 我会说__________汉语。

2 你们__________上课。

3 现在__________。

4 我的__________不好。

5 我__________来。

4 完成下列对话。
Complete the following dialogues.

(1) A：__________________？
　　B：我会说汉语。

(2) A：__________________？
　　B：她能来上课。

(3) A：__________________？
B：我七点能到。

(4) A：__________________？
B：我差一刻七点起床。

(5) A：__________________？
B：当然可以。

(6) A：__________________？
B：我们八点上课。

5 连接 I 和 II 两个部分的词，组成词组。

Match the words from part I with those from part II to make phrases. Draw lines to connect them.

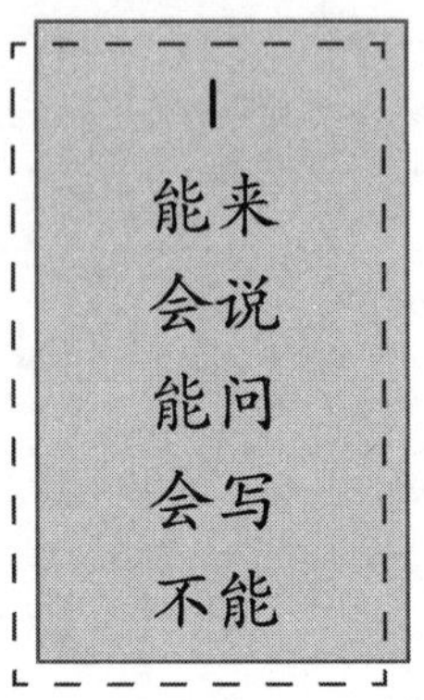
I
能来
会说
能问
会写
不能

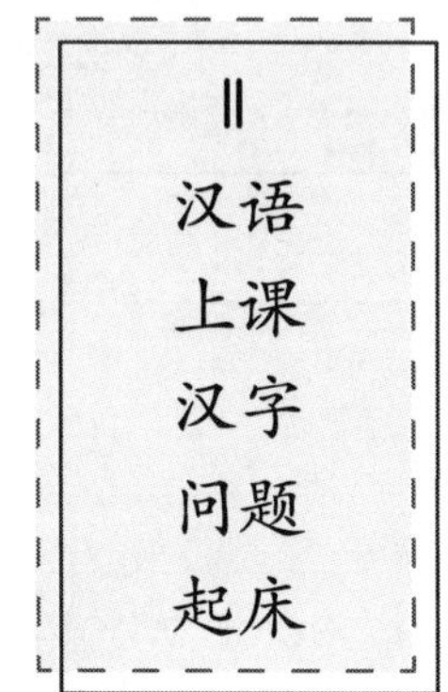
II
汉语
上课
汉字
问题
起床

6 把下列陈述句变成带“吗”的疑问句。

Change the following statements into questions with “吗”.

(1) 她会说汉语。

(2) 他能来。

(3) 他会游泳。

(4) 你可以去看京剧。

(5) 他应该现在起床。

7 用所给词造句。

Make sentences with the words given.

当然：________________________________

会：________________________________

几点：________________________________

为什么：________________________________

写：________________________________

可以：________________________________

8 根据本课课文判断正误。
Decide whether the statements are true (T) or false (F) according to the text of this lesson.

(1) 司机不会说英语。 (　　)
(2) 马大为能来上课。 (　　)
(3) 马大为十点回学校。 (　　)
(4) 马大为不应该上课。 (　　)
(5) 马大为下午去商场买东西。 (　　)

9 判断下列句子语法是否正确。
Decide whether the statements are grammatically correct (√) or wrong (×).

(1) 我说英语会。 (　　)
(2) 今天能我不来上课。 (　　)
(3) 今天我不能来上课。 (　　)
(4) 现在十一半点。 (　　)
(5) 现在十一点半。 (　　)

10 读短文并回答问题。
Read the passage and answer the questions.

我能说汉语

丁力波能说英语，也能说汉语。他妈妈是中国人。

星期六，丁力波去买书，他对售货员说："我要一本法语书。"售货员给他一本书，他很高兴。力波回到家，他妈妈问他："你买了什么书？"力波说："法语书。"妈妈说："你看，这是法语书吗？你能说汉语，可是不认识汉字，这是法律（fǎlǜ, law）书，不是法语书。""啊！"

问题 Questions

(1) 丁力波要买法律书还是法语书？
(2) 售货员给他一本什么书？

11 读下面的材料并做练习。

Read the following materials and do the exercises.

(1) Read the following table of Standard World Time and find out what time it is now in the following cities.

北京（Beijing）：__________　　温哥华（Vancouver）：__________

伦敦（London）：__________　　莫斯科（Moscow）：__________

华盛顿（Washington）：__________　　东京（Tokyo）：__________

世界标准时间 Standard World Time

City	城　市	格林尼治时间 Greenwich Mean Time	City	城　市	格林尼治时间 Greenwich Mean Time
Accra(Ghana)	阿克拉(加纳)	12:00	Katmandu(Nepal)	加德满都(尼泊尔)	17:30
Addis Ababa(Ethiopia)	亚的斯亚贝巴(埃塞俄比亚)	15:00	Kinshasa(Zaire)	金沙萨(扎伊尔)	13:00
Adelaide(Australia)	阿德莱德(澳大利亚)	21:30	Kowloon(Hong Kong)	九龙(香港)	20:00
Aden(Yemen)	亚丁(也门)	15:00	Kuala Lumpur(Malaysia)	吉隆坡(马来西亚)	20:00
Alexandria(Egypt)	亚历山大(埃及)	14:00	Kuwait(Kuwait)	科威特(科威特)	15:00
Algiers(Algeria)	阿尔及尔(阿尔及利亚)	13:00	Kyoto(Japan)	京都(日本)	21:00
Amsterdam(Netherlands)	阿姆斯特丹(荷兰)	13:00	Lagos(Nigeria)	拉各斯(尼日利亚)	13:00
Amkara(Turkey)	安卡拉(土耳其)	14:00	Leningrad(CIS)	列宁格勒(独联体)	15:00
Athens(Greece)	雅典(希腊)	14:00	Lima(Peru)	利马(秘鲁)	07:00
Auckland(New Zealand)	奥克兰(新西兰)	24:00	Lisbon(Portugal)	里斯本(葡萄牙)	13:00
Baghdad(Iraq)	巴格达(伊拉克)	15:00	London(UK)	伦敦(英国)	12:00
Baltimore(USA)	巴尔的摩(美国)	07:00	Los Angeles(USA)	洛杉矶(美国)	04:00
Bandar Seri Begawan(Brunei)	斯里巴加湾港(文莱)	20:00	Madrid(Spain)	马德里(西班牙)	13:00
Bandung(Indonesia)	万隆(印度尼西亚)	19:00	Malta(Malta)	马耳他(马耳他)	13:00
Bangkok(Thailand)	曼谷(泰国)	19:00	Manila(Philippines)	马尼拉(菲律宾)	20:00
Barcelona(Spain)	巴塞罗那(西班牙)	13:00	Melbourne(Australia)	墨尔本(澳大利亚)	22:00
Beijing(China)	北京(中国)	20:00	Mexico City(Mexico)	墨西哥城(墨西哥)	06:00
Beirut(Lebanon)	贝鲁特(黎巴嫩)	14:00	Miami(USA)	迈阿密(美国)	07:00
Belgrade(Yugoslavia)	贝尔格莱德(南斯拉夫)	13:00	Milan(Italy)	米兰(意大利)	13:00
Berlin(Germany)	柏林(德国)	13:00	Montreal(Canada)	蒙特利尔(加拿大)	07:00
Berne(Switzerland)	伯尔尼(瑞士)	13:00	Moscow(CIS)	莫斯科(俄罗斯)	15:00
Bombay(India)	孟买(印度)	17:00	Munich(Germany)	慕尼黑(德国)	15:00
Bonn(Germany)	波恩(德国)	13:00	Nairobi(Kenya)	内罗毕(肯尼亚)	15:00
Boston(USA)	波士顿(美国)	07:00	Naples(Italy)	那不勒斯(意大利)	13:00
Brazzaville(Congo)	布拉柴维尔(刚果)	13:00	New York(USA)	纽约(美国)	07:00
Brussels(Belgium)	布鲁塞尔(比利时)	13:00	Osaka(Japan)	大阪(日本)	21:00
Bucharest(Romania)	布加勒斯特(罗马尼亚)	14:00	Ottawa(Canada)	渥太华(加拿大)	07:00
Budapest(Hungary)	布达佩斯(匈牙利)	13:00	Panama City(Panama)	巴拿马城(巴拿马)	06:00
Buenos Aires(Argentina)	布宜诺斯艾利斯(阿根廷)	09:00	Pairs(France)	巴黎(法国)	13:00
Cairo(Egypt)	开罗(埃及)	14:00	Philadelphia(USA)	费城(美国)	07:00
Calcutta(India)	加尔各答(印度)	17:30	Pittsburgh(USA)	匹兹堡(美国)	07:00
Canberra(Australia)	堪培拉(澳大利亚)	22:00	Prague(Czechoslavakia)	布拉格(捷克和斯洛伐克)	13:00
Caracas(Venezuela)	加拉加斯(委内瑞拉)	08:00	Pusan(S.Korea)	釜山(韩国)	21:00
Chicago(USA)	芝加哥(美国)	06:00	Pyongyang(Korea)	平壤(朝鲜)	21:00
Cologne(Germany)	科隆(德国)	13:00	Quebec(Canada)	魁北克(加拿大)	07:00
Colombo(Sri Lanka)	科伦坡(斯里兰卡)	17:30	Rangoon(Burma)	仰光(缅甸)	18:30
Copenhagen(Denmark)	哥本哈根(丹麦)	13:00	Rio de Janeiro(Brazil)	里约热内卢(巴西)	09:00
Dacca(Bangladesh)	达卡(孟加拉)	18:00	Rome(Italy)	罗马(意大利)	13:00
Damascus(Syria)	大马士革(叙利亚)	14:00	Rotterdam(Netherlands)	鹿特丹(荷兰)	13:00
Darwin(Australia)	达尔文(澳大利亚)	21:30	San Francisco(USA)	旧金山(美国)	04:00
Delhi(India)	德里(印度)	17:30	Santiago(Chile)	圣地亚哥(智利)	08:00
Detroit(USA)	底特律(美国)	07:00	Sao Paulo(Brazil)	圣保罗(巴西)	09:00
Dubai(UAE)	迪拜(阿联酋)	16:00	Seoul(S.Korea)	汉城(韩国)	21:00
Dublin(Ireland)	都柏林(爱尔兰)	12:00	Singapore(Singapore)	新加城(新加坡)	20:00
Frankfurt(Germany)	法兰克福(德国)	13:00	Sofia(Bulgaria)	索菲亚(保加利亚)	14:00
Geneva(Switzerland)	日内瓦(瑞士)	13:00	Stockholm(Sweden)	斯德哥尔摩(瑞典)	13:00
Guadalajara(Mexico)	瓜达拉哈拉(墨西歌)	05:00	Suez(Egypt)	苏伊士(埃及)	14:00
Hamburg(Germany)	汉堡(德国)	13:00	Sydney(Australia)	悉尼(澳大利亚)	22:00
Hanoi(Vietnam)	河内(越南)	19:00	Tehran(Iran)	德黑兰(伊朗)	15:30
Havanna(Cuba)	哈瓦那(古巴)	07:00	Tokyo(Japan)	东京(日本)	21:00
Helsinki(Finland)	赫尔辛基(芬兰)	14:00	Toronto(Canada)	多伦多(加拿大)	07:00
Ho Chi Minh City(Vietnam)	胡志兰堡(越南)	19:00	Tunis(Tunisia)	突尼斯(突尼斯)	13:00
Honolulu(USA)	檀香山(美国)	02:00	Vancouver(Canada)	温哥华(加拿大)	04:00
Islamabad(Pakistan)	伊斯兰堡(巴基斯坦)	17:00	Vienna(Austria)	维也纳(奥地利)	13:00
Istanbul(Turkey)	伊斯坦布尔(土耳其)	14:00	Warsaw(Poland)	华沙(波兰)	13:00
Jakarta(Indonesia)	雅加达(印度尼西亚)	19:00	Washington(USA)	华盛顿(美国)	07:00
Jeddah(Saudi.Arabia)	吉达(沙特阿拉伯)	15:00	Wellington(New Zealand)	惠灵顿(美国)	24:00
Kabul(Afghanistan)	喀布尔(阿富汗)	16:30	Winnipeg(Canada)	温尼伯(加拿大)	06:00
Karachi(Pakistan)	卡拉奇(巴基斯坦)	17:00	Zurich(Switzerland)	苏黎士(瑞士)	13:00

It is noon of Greenwich Mean Time in the table. 表中时间为格林尼治正午时间。

(2) Read the following train schedule from Beijing Railway Station and find out the departure time or arrival time of the following trains.

Departure Time:

K45: ________________

T31: ________________

K107: ________________

1461: ________________

D11: ________________

Z15: ________________

Arrival Time:

T59: ________________

T65: ________________

K681: ________________

Z61: ________________

D309: ________________

2189: ________________

Note: "开点", departure time; "到点", arrival time.

北京站部分始发列车时刻表

车次	开点	到站	到点	车次	开点	到站	到点
N211	06:30	承德	当日10:48	K107	17:48	徐州	次日05:54
D25	07:15	哈尔滨	当日15:19	T228	18:16	大连	次日05:38
D21	07:20	长春	当日13:40	K263	18:48	包头	次日07:19
Y509	07:50	秦皇岛	当日11:11	T271	19:10	吉林	次日06:16
4405	09:01	天津	当日10:53	Z7	19:44	上海	次日07:12
D5	09:20	沈阳北	当日13:31	Z85	19:50	苏州	次日06:40
4419	10:03	唐山	当日14:21	T109	20:02	上海	次日09:19
1301	10:50	满洲里	当日17:54	K601	20:30	太原	次日07:28
K45	11:45	福州	当日21:18	T59	21:00	长春	次日06:10
K43B	12:03	兰州	次日15:15	Z15	21:20	哈尔滨	次日07:04
D11	13:55	沈阳北	当日18:06	D309	21:34	杭州	次日09:01
1461	14:42	上海	次日12:49	D301	21:39	上海	次日07:38
4415	15:06	张家口	当日20:08	Z73	21:50	合肥	次日07:12
4495	15:22	秦皇岛	当日19:11	K681	21:57	大连	次日08:08
2189	15:30	乌兰浩特	次日10:21	Z49	22:02	南京	次日07:14
T31	15:39	杭州	次日06:26	T63	22:08	合肥	次日09:08
K161	16:00	南京西	次日07:30	T65	22:14	南京西	次日09:13
K285	16:30	烟台	次日06:30	K53	22:15	沈阳北	次日07:25
4401	16:36	天津	当日18:36	Z61	22:40	长春	次日06:30
D23	17:20	长春	当日23:23	T25	22:50	青岛	次日07:22

(3) Read the following Beijing Taxi Receipt and find out:

a. When the passenger got into the taxi: ____________________

b. When the passenger got out of the taxi: ________________

c. The total fee amount: _________________

d. The date of the receipt: ________________

e. The telephone number of the taxi company:

____

f. Can you figure out any other information?

____

存根 STUB

北京市出租汽车专用发票
BEIJING TAXI RECEIPT
发票联
INVOICE

211000811015
05517830 0005

单位 Section	64472005
电话 Tel	8-L3611
车号 Taxi No.	京 082486
证号 Certificate No.	2009-05-10
日期 Date	12:52-13:02
时间 Time	2.00
单价 Unit Price	3.0
里程 Mileage	00:04:00
等候 Wait	1
状态 State	¥12.00
金额 Sum	-----
卡号 Card No.	-----
卡原额 Card Original Sum	-----
卡余额 Card Balance Sum	
密码 PASSWORD	-----

北京市出租汽车发票专用章

机打发票 手写无效

文化知识 Cultural Notes

Loanwords in Chinese

Like many other languages in the world, Chinese also borrows words from foreign languages. Most loanwords in Chinese come from English, French, Japanese or Russian. They generally fall into six groups:

The first are interpretative translations or semantic equivalents. Both terms refer to using Chinese words to translate imported concepts. Words of this category usually do not appear noticeably foreign. One example is the word 电视 *dianshi* "television", in which 电 *dian* (originally "lightning", later "electricity") is freely adapted to correspond to the prefix "tele" (originally from the ancient Greek word, meaning "far"), and 视 *shi* literally translates as "vision". The words 电话 *dianhua* "telephone", and 电报 *dianbao* "telegram" fall under the same category.

The second are transliterations that imitate the sound of the source word. The non-native origin stands out in this group of words, for example: 沙发 *shafa* "sofa", 咖啡 *kafei* "coffee", 可口可乐 *kekoukele* for "Coca-cola", and 夹克 *jiake* "jacket".

The third is a combination of the first and second methods described above: partly free paraphrasing/semantic matching, and partly transliteration. For example, in 浪漫主义 *langman zhuyi* (Romanticism), "浪漫" is the transliteration and "主义" is the interpretative translation.

The fourth are transliterations with annotations indicating the category. Examples include 啤酒 *pijiu* "beer", 摩托车 *motuoche* "motorcycle", and 坦克车 *tankeche* "tank". While 啤 *pi* is the transliteration for "beer", 摩托 *motuo* for "motor", and 坦克 *tanke* for "tank"; 酒 *jiu* "alcoholic drink" and 车 *che* "vehicle" indicate the categories.

The fifth are Roman letters plus Chinese characters, such as AA 制 *zhi* "go Dutch", PC 机 *ji* "personal computer", and B 超 *chao* "ultrasound". The sixth is the use of Roman letters only, in a direct borrowing of acronyms, for example： "CD", "DVD", "CPU", and "DNA".

As a rule, loanwords are added to the Chinese lexicon only in cases where available Chinese expressions are inadequate to describe new concepts, situations, or other phenomena that arise when Chinese and foreign cultures interact. However, words like 拜拜 *baibai* "bye-bye" and "OK" can be replaced by words of Chinese origin. Many people, especially the young, like using such expressions.

In China, what should you do if you don't feel well? Here you will learn how to describe health problems to a doctor. You will also learn how to express volition, indicate necessity, and learn a new way of asking questions.

第十二课 Lesson 12

Wǒ quánshēn dōu bù shūfu
我 全身 都 不 舒服

一 课文 Text

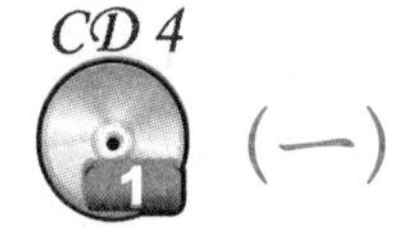

(一)

Dīng Lìbō: Dàwéi, nǐ měi tiān dōu liù diǎn qǐchuáng qù duànliàn, xiànzài jiǔ diǎn yí kè, nǐ zěnme hái bù qǐchuáng?
丁力波：大为，你每天都六点起床去锻炼，① 现在九点一刻，你怎么还不起床？②

Mǎ Dàwéi: Wǒ tóu téng.
马大为：我头疼。

Dīng Lìbō: Nǐ sǎngzi zěnmeyàng?
丁力波：你嗓子怎么样？

Mǎ Dàwéi: Wǒ sǎngzi yě téng.
马大为：我嗓子也疼。

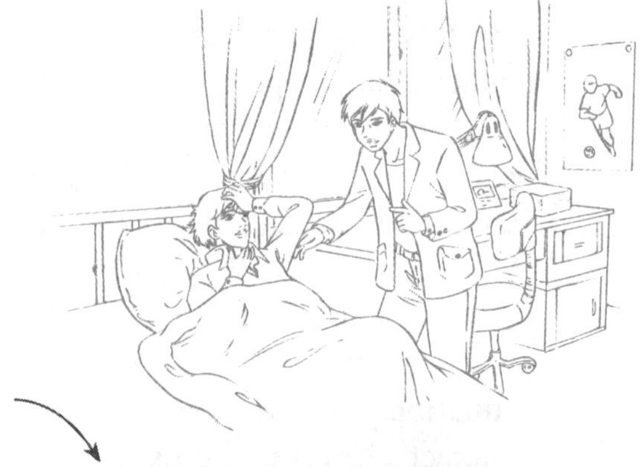

【谈身体状况】
Talking about one's health

Dīng Lìbō: Wǒ xiǎng, nǐ yīnggāi qù yīyuàn kànbìng.
丁力波：我想，你应该去医院看病。③

Mǎ Dàwéi: Wǒ shēntǐ méi wèntí, búyòng qù kànbìng.
马大为：我 身体 没 问题，④ 不用 去 看病。

Wǒ yào shuìjiào, bù xiǎng qù yīyuàn.
我 要 睡觉，不 想 去 医院。

【表示意愿】
Expressing one's desire

Dīng Lìbō: Nǐ bú qù kànbìng, míngtiān nǐ hái bù néng shàngkè.
丁力波：你 不 去 看病， 明天 你 还 不 能 上课。

Mǎ Dàwéi: Hǎo ba. Wǒ qù yīyuàn. Xiànzài qù háishi xiàwǔ qù?
马大为：好 吧。我 去 医院。⑤ 现在 去 还是 下午 去？

Dīng Lìbō: Dāngrán xiànzài qù, wǒ gēn nǐ yìqǐ qù. Jīntiān tiānqì hěn
丁力波：当然 现在 去，我 跟 你 一起 去。⑥ 今天 天气 很

lěng, nǐ yào duō chuān diǎnr yīfu.
冷，你 要 多 穿 点儿 衣服。

【表示必要】
Expressing need or necessity

生词 New Words

1 全身	N	quánshēn	all over (the body)	全身疼，全身不舒服
全	A	quán	whole	
身	N	shēn	body	
2 舒服	A	shūfu	comfortable	不舒服，很舒服，舒服不舒服
3 每	Pr	měi	every, each	每天，每年，每个学生，每瓶酒
4 锻炼	V	duànliàn	to have physical exercise	去锻炼
5 头	N	tóu	head	
6 疼	A	téng	painful, sore	头疼，手疼
7 嗓子	N	sǎngzi	throat	嗓子疼，嗓子不舒服
8 想	V/OpV	xiǎng	to think / to want (to do sth.)	想睡觉，想喝水
9 医院	N	yīyuàn	hospital	去医院，有一个医院
10 看病	VO	kànbìng	to see a doctor	去看病，去医院看病
病	N / V	bìng	illness / to get sick	看病，有病，没有病，病了

11	身体	N	shēntǐ	body, health 身体好，锻炼身体
12	要	OpV	yào	must, to want (to do something) 要看病，要锻炼
13	吧	MdPt	ba	(*a modal particle*)
14	还是	Conj	háishi	or 早上还是晚上，睡觉还是起床
15	一起	Adv	yìqǐ	together 跟他一起，一起去，一起锻炼
16	冷	A	lěng	cold 天气很冷
17	穿	V	chuān	to wear
18	衣服	N	yīfu	clothes 穿衣服，买衣服，做衣服

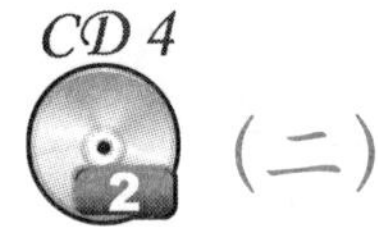

（二）

Dīng Lìbō： Nǐ zài zhèr xiūxi yíxià, wǒ qù gěi nǐ guàhào.
丁力波：你 在 这儿 休息 一下，我 去 给 你 挂号。⑦

Mǎ Dàwéi： Hǎo.
马大为：好。

Yīshēng： Bā hào, bā hào shì shéi?
医生：8 号，8 号 是 谁？

Dīng Lìbō： Wǒ shì bā hào.
丁力波：我 是 8 号。

Yīshēng： Nǐ kànbìng háishi tā kànbìng?
医生：你 看病 还是 他 看病？

Dīng Lìbō： Tā kànbìng.
丁力波：他 看病。

Yīshēng： Qǐng zuò ba. Nǐ jiào Mǎ Dàwéi, shì bu shì?
医生：请 坐 吧。你 叫 马 大为，是 不 是？

Mǎ Dàwéi： Shì, wǒ jiào Mǎ Dàwéi.
马大为：是，我 叫 马 大为。

Yīshēng：Nǐ jīnnián duō dà?
医生：你 今年 多 大？

Mǎ Dàwéi：Wǒ jīnnián èrshí'èr suì.
马大为：我 今年 二十二 岁。

Yīshēng：Nǐ nǎr bù shūfu?
医生：你 哪儿 不 舒服？⑧

【看病】
Going to see a doctor

Mǎ Dàwéi：Wǒ tóu téng, quánshēn dōu bù shūfu.
马大为：我 头 疼， 全身 都 不 舒服。

Yīshēng：Wǒ kàn yíxià. Nǐ sǎngzi yǒudiǎnr fāyán, hái yǒudiǎnr fāshāo, shì gǎnmào.
医生：我 看 一下。你 嗓子 有点儿 发炎，⑨ 还 有点儿 发烧， 是 感冒。

Dīng Lìbō：Tā yào bu yào zhùyuàn?
丁力波：他 要 不 要 住院？

Yīshēng：Búyòng. Nǐ yào duō hē shuǐ, hái yào chī diǎnr yào. Nǐ yuànyì chī zhōngyào háishi yuànyì chī xīyào?
医生：不用。 你 要 多 喝 水， 还 要 吃 点儿 药。 你 愿意 吃 中药 还是 愿意 吃 西药？

Mǎ Dàwéi：Wǒ yuànyì chī zhōngyào.
马大为：我 愿意 吃 中药。

Yīshēng：Hǎo, nǐ chī yìdiǎnr zhōngyào, xià xīngqīyī zài lái.
医生：好， 你 吃 一点儿 中药， 下 星期一 再 来。

生词 New Words

1	休息	V	xiūxi	to take a rest 休息一下，应该休息
2	给	Prep	gěi	to, for 给他买，给他介绍，给我们上课
3	挂号	V	guàhào	to register (at a hospital, etc.) 给他挂号

4	有点儿	Adv	yǒudiǎnr	somewhat, rather, a bit 有点儿疼，有点儿不舒服
5	发炎	VO	fāyán	to become inflamed 嗓子发炎
6	发烧	VO	fāshāo	to have a fever 有点儿发烧
	烧	V	shāo	to burn
7	感冒	V/N	gǎnmào	to have a cold / cold 有点儿感冒
8	住院	VO	zhùyuàn	to be hospitalized
9	水	N	shuǐ	water 喝水
10	药	N	yào	medicine 吃药，买药
11	愿意	OpV	yuànyì	to be willing, to be ready 愿意学习，愿意上课，不愿意
12	中药	N	zhōngyào	traditional Chinese medicine
13	西药	N	xīyào	Western medicine
	西	N	xī	west

补充生词 Supplementary Words

1.	英文	N	Yīngwén	English
2.	开刀	VO	kāidāo	to have an operation
3.	化验	V	huàyàn	to have a medical test
4.	血	N	xiě	blood
5.	大便	N	dàbiàn	stool
6.	小便	N	xiǎobiàn	urine
7.	牙	N	yá	tooth
8.	肚子	N	dùzi	abdomen, stomach
9.	生活	N	shēnghuó	life
10.	中午	N	zhōngwǔ	noon
11.	打针	VO	dǎzhēn	to have an injection

二 注 释 Notes

① 你每天都六点起床去锻炼。

"You get up to do morning exercises every day."

When the pronoun "每" modifies a noun, a measure word should be used before the noun it modifies as in the following examples: "每个学生", "每斤苹果". However, before the nouns "天" and "年", a measure word cannot be used, and measure words are optional before "月". For example, we say "每天", "每年", and say either "每月" or "每个月". "每" is often used in combination with "都". For example:

他每天都来学院。

我每月都回家。

② 你怎么还不起床?

"Why are you still in bed?"

"怎么" can also be used to ask about the cause of something, and the difference between "怎么" and "为什么" is that the former indicates a sense of surprise on the part of the speaker. For example:

八点上课，你怎么八点半才来?

今天天气很好，你怎么不去锻炼?

Note: "怎么" and "怎么样" are both interrogative pronouns, but "怎么" is often used as an adverbial in a sentence, whereas "怎么样" usually functions as the predicate as in "你怎么样". When asking the reason for something, "怎么样" cannot be used and so one can not say "你怎么样还不起床?".

③ 我想，你应该去医院看病。

"I think you must go to see a doctor."

In this sentence, "想" is a common verb.

④ 我身体没问题。

"I am fine."

“身体” means “body”, but it may also mean “health”. “你身体怎么样?” is also a form of greeting among friends and acquaintances. The phrase “没问题” means “no problem” and it is often used in spoken Chinese to indicate an affirmative, confident attitude. For example:

A：明天你能来吗?

B：没问题！我能来。

5 好吧。我去医院。

“OK. I'll go to hospital.”

The modal particle “吧” has many usages. It is used to soften the tone of speech here and it may also be used in sentences expressing requests, commands, persuasion and consultation. For example:

请吧。　　请坐吧。　　我问一下吧。

6 我跟你一起去。

“I'll go with you.”

When the prepositional phrase “跟 + Pr/NP” is placed before a verb as an adverbial modifier, it is generally used with the adverb “一起”; together they form the phrase “跟 + Pr / NP + 一起”. For example:

他跟他的朋友一起做练习。

他跟宋华一起锻炼。

7 我去给你挂号。

“I'll register for you.”

“给” is a verb (see Lesson 10), but it can also function as a preposition. When used as a preposition, “给” and the noun or noun phrase that follows it (usually the receiver of the action) form a prepositional phrase, which is placed before the predicative verb to indicate that the object of “给” is affected by the activity of the predicate.

8 你哪儿不舒服?

“What's wrong with you?”

This is an everyday expression used by doctors when talking to their patients.

⑨ 你嗓子有点儿发炎。

"Your throat is inflamed."

The phrase "有（一）点儿" (with "一" often omitted) is used before certain adjectives or verbs as an adverbial modifier, indicating moderation. When used before an adjective, it often implies dissatisfaction or negation. For example:

有点儿不高兴　　有点儿贵　　有点儿晚　　有点儿发烧

Note: There is some difference between "有一点儿" and "一点儿". "有一点儿" is used adverbially, modifying the adjective or verb that follows it, whereas "一点儿" is used as an attributive, modifying a noun. For example:

一点儿东西　　一点儿钱　　一点儿书

The construction "一点儿 + N" is usually placed after a verb as its object. For example:

我去买一点儿东西。

It is not right to replace "有一点儿" with "一点儿". For example:

他有点儿不高兴。（We cannot say "他一点儿不高兴。"）

我有点儿发烧。（We cannot say "我一点儿发烧。"）

三 练习与运用 Drills and Practice

● 核心句 KEY SENTENCES

1. 你怎么还不起床？
2. 我头疼，嗓子也疼。
3. 我身体没问题，不用去看病。
4. 我要睡觉，不想去医院。
5. 我跟你一起去。
6. 今天天气很冷，你要多穿点儿衣服。
7. 你嗓子有点儿发炎，还有点儿发烧。
8. 他要不要住院？
9. 你愿意吃中药还是愿意吃西药？

1 熟读下列词组 Read the following phrases until you learn them by heart

（1）头疼　手疼　全身疼　学习很好　身体不太好　天气很冷

（2）下午还是晚上　今天还是明天　两点还是三点
你还是我　他们还是她们　老师还是学生
睡觉还是起床　工作还是休息　学习还是玩儿
认识还是不认识　买衣服还是买本子　吃中药还是吃西药
要香蕉还是要苹果　学习语言还是学习文学　喜欢香蕉还是喜欢苹果

（3）要喝水　要回家　想认识他
想看京剧　不想吃　不想学美术

（4）愿意参加　愿意写汉字　愿意学习汉语
不愿意喝酒　不愿意住院　不愿意起床

（5）要看病　要挂号　要锻炼　要不要吃药　不用介绍　不用找钱

2 句型替换 Pattern drills

（1）A：你想不想学习 音乐？
B：我很想学习 音乐。

去	加拿大
认识	陈老师
看	京剧

（2）A：现在五点，你要学习还是要锻炼？
B：我要锻炼。
A：我不想锻炼，我要学习。

回家	去商场
看书	写汉字
去买衣服	去买苹果
看中文报	看英文(Yīngwén)报

（3）A：你愿意吃中药还是愿意吃西药？
B：我愿意吃中药。你呢？
A：我愿意吃西药。

吃蛋糕	吃寿面
学习语言	学习文学
去游泳	去打球
今天去	明天去
两点来	两点半来

（4）A：医生，他要不要住院？

B：不用。

开刀 (kāidāo)	不用
化验 (huàyàn) 血 (xiě)	要
化验大便 (dàbiàn)	不用
化验小便 (xiǎobiàn)	要

（5）A：现在是八点一刻，你怎么还不起床？

B：我不太舒服。

A：你哪儿不舒服？

B：我头有点儿疼。

9:55	去上课	嗓子
4:55	锻炼	牙 (yá)
11:55	睡觉	肚子 (dùzi)

（6）A：你常常去看你朋友吗？

B：我常常去看他。

A：他身体怎么样？

B：他身体没问题。

工作	有点儿忙
学习	不太好
生活 (shēnghuó)	很快乐

（7）A：他跟谁一起去？

B：他跟力波一起去。

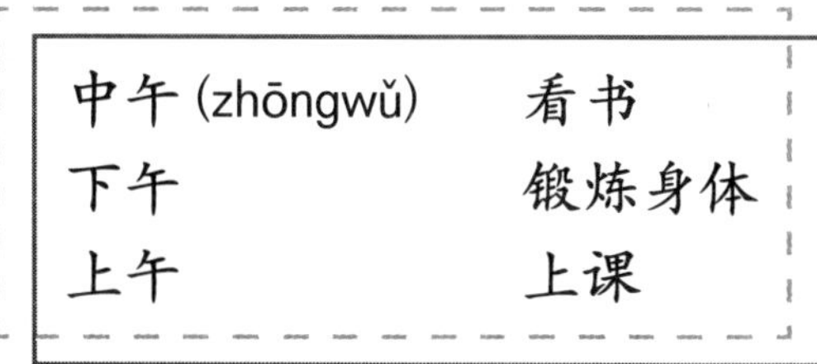

住	他朋友
锻炼	老师
打球	中国朋友

（8）A：你每天晚上都做什么？

B：我每天晚上都写汉字。

中午 (zhōngwǔ)	看书
下午	锻炼身体
上午	上课

3 看图造句 Make sentences according to the pictures

A：他哪儿不舒服？

B：他＿＿＿＿＿＿＿＿＿＿。

A：我要不要＿＿＿＿＿＿＿＿＿＿？

B：不用，你愿意＿＿＿＿＿＿＿＿＿＿

还是愿意＿＿＿＿＿＿＿＿＿＿？

4 会话练习 Conversation practice

【谈论身体状况 Talking about one's health】

（1）A：你怎么样？不太舒服吗？

B：我__________有点儿疼。

A：要不要去医院？

B：不用，我想休息一下。

（2）A：我今天怎么全身不舒服？

B：啊，你__________发烧。你现在不能去上课，要休息一下。

A：你跟陈老师说一下，好吗？

B：没问题。

（3）A：你身体真好。

B：是啊，我很少去医院。

A：你每天都__________身体吗？

B：我每天下午都__________。

【表达意愿与必要 Expressing one's desire or need】

（1）A：明天是星期天，你想做什么？

B：我不__________做什么，我想在家休息。你__________去哪儿？

A：我要去市场买点儿东西。

（2）A：你明天有时间吗？我们去打球，__________？

B：对不起，我明天__________去学太极拳（tàijíquán，*taiji* boxing）。你会打太极拳吗？

A：我会一点儿。

B：太好了！我__________学，你能教我吗？

（3）A：你为什么__________学习汉语？

B：我喜欢汉语。我__________做一个汉语老师。

A：我也喜欢教孩子们汉语。

5 交际练习 Communication exercises

(1) You feel sick while reading with your classmate in the library. How do you tell him / her?

(2) Your friend has a toothache (牙疼, yá téng). How do you help him / her tell the doctor about it?

(3) You want to go to China to study Chinese and visit Shanghai, but your friend thinks that in order to study Chinese well, you should go to Beijing. How do you talk with him / her about this?

请假条（qǐngjiàtiáo，Written Request for Leave）

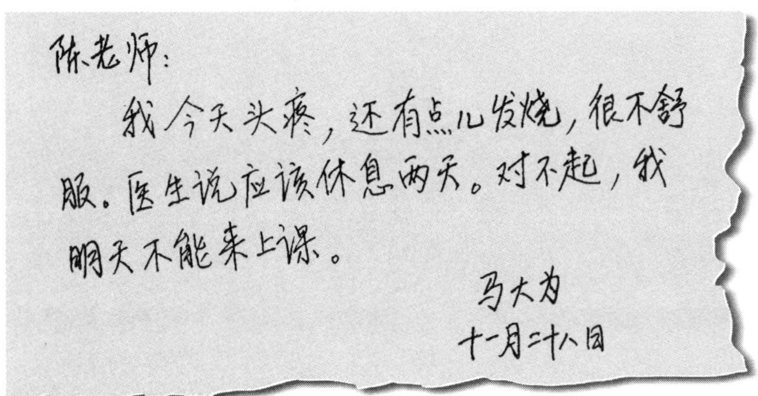

陈老师：

我今天头疼，还有点儿发烧，很不舒服。医生说应该休息两天。对不起，我明天不能来上课。

马大为

十一月二十八日

四 阅读与复述 Reading Comprehension and Paraphrasing

大为，你怎么还不起床？什么？你头疼？你全身都不舒服？你要睡觉，不想起床？你应该去看病。你要睡觉，不愿意去医院？大为，你不能睡觉，你应该去医院，你得去看病。我跟你一起去医院。现在去还是下午去？当然现在去。我们应该现在去。

医生，他是8号，他的中文名字叫马大为，今年22岁。他头疼，全身都不舒服。您给他看一下。您说他发烧，嗓子还有点儿发炎？是感冒！他要不要住院？不用住院，要吃药。大为，你愿意吃中药还是愿意吃西药？你可以吃西药。你不愿意吃西药？你愿意吃中药？好吧，医生，您给他开一点儿中药吧。

五 语 法 Grammar

1. 主谓谓语句 Sentences with a subject-predicate phrase as predicate

The main element of the predicate in this kind of sentence is a subject-predicate phrase. In many cases, the person or thing that the subject of the subject-predicate phrase (subject 2) denotes is a part of the person or thing denoted by the subject of the whole sentence (subject 1).

Subject 1	Predicate 1	
	Subject 2	Predicate 2
马大为	头	疼。
他	全身	都 不 舒服。
你	身体	好 吗?
宋华	学习	怎么样?
今天	天气	冷不冷?

The negative adverb "不" is usually placed before the predicate of the subject-predicate phrase (predicate 2). Its A / V-not-A / V form is produced by juxtaposing the affirmative and negative forms of predicate 2.

2. 选择疑问句 Alternative questions

An alternative question is created when two possible situations, A and B, are connected by the conjunction "还是". The person to whom the question is addressed is expected to choose one of the alternatives.

Question			Answer
Alternative A	还是	Alternative B	
现在去	还是	下午去?	现在去。(Alternative A)
你看病	还是	他看病?	他看病。(Alternative B)
你愿意吃中药	还是	愿意吃西药?	我愿意吃中药。(Alternative A)
你是老师	还是	学生?	我是学生。(Alternative B)

3. 能愿动词谓语句(2)：要、想、愿意

Sentences with an optative verb(2)："要"，"想"and"愿意"

Both the optative verbs "要" and "想" express subjective intention and demand. They are basically the same in meaning. Sometimes "要" emphasizes the intention or demand, while "想" places more emphasis on the intention or hope. For example:

我要吃烤鸭。

我想去北京吃烤鸭。

The negative form for both "想" and "要" (denoting a demand) is "不想".

"愿意" is also used to express one's wishes. It means a willingness to do something or a hope that something will occur according to the wishes of the person denoted by the subject.

Subject	Predicate		
	OpV	V	O
马大为	要	睡觉。	
丁力波	想	学习	美术。
他	不想	去	医院。
她	愿意不愿意	参加	聚会？

The optative verb "要" is also used to express the actual need. Its negative form is "不用". For example:

他要不要住院？

明天天气怎么样？要多穿衣服吗？

明天不用多穿衣服。

六 综合练习 Comprehensive Practice

CD 4 3 1～3

1 听录音并回答听到的问题。

Listen and answer the questions you hear.

1 ____________________

2 ____________________

3 ____________________

4 ____________________

5 ____________________

2 听对话并判断正误。

Listen to the following dialogue and decide whether the statements are true (T) or false (F).

1. 病人是脑子 (nǎozi, brain) 有病。 (　　)
2. 病人没有发烧。 (　　)
3. 病人嗓子发炎。 (　　)
4. 病人是感冒。 (　　)

3 听录音并填空。

Listen and fill in the blanks.

1. 我__________。
2. 今天________很冷。
3. 全身不__________。
4. 你看病________他看病?
5. 你________不舒服?

4 完成下列对话。

Complete the following dialogues.

(1) A: ____________________?
　B：我全身都不舒服。

(2) A: ____________________?
　B：我们现在去医院。

(3) A: ____________________?
　B：我愿意吃中药。

(4) A: ____________________?
　B：我头疼。

5 连接 I 和 II 两个部分的词，组成词组。

Match the words from part I with those from part II to make phrases. Draw lines to connect them.

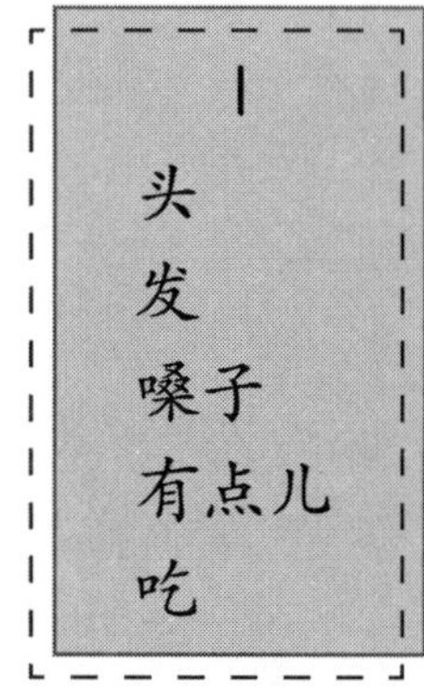

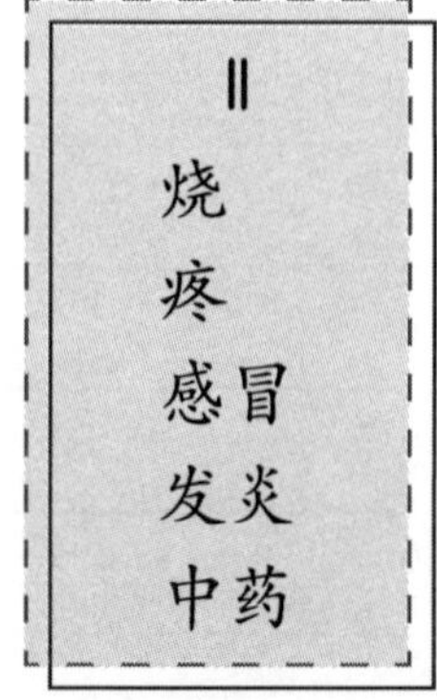

6 把下列陈述句变成选择疑问句或“动词/形容词+不+动词/形容词”结构的疑问句。

Change the following statements into alternative questions or V/A-不-V/A questions.

(1) 我要睡觉，不想去看病。

(2) 今天天气很冷。

(3) 她不用住院。

(4) 他愿意吃中药，不愿意吃西药。

(5) 我每天锻炼身体。

7 用所给词造句。

Make sentences with the words given.

愿意：______________________________

休息：______________________________

吧：______________________________

穿：______________________________

想：______________________________

锻炼：______________________________

8 根据本课课文判断正误。

Decide whether the statements are true (T) or false (F) according to the text of this lesson.

(1) 丁力波嗓子疼。 ( )

(2) 马大为星期一去医院。 ( )

(3) 马大为今年三十二岁。 ( )

(4) 马大为是8号。 ( )

(5) 马大为告诉林娜下午不能去锻炼。 ( )

9 判断下列句子语法是否正确。

Decide whether the statements are grammatically correct (√) or wrong (×).

(1) 你吃想不想蛋糕？ ( )

(2) 他要不要住院？ ( )

(3) 你愿意不愿意吃药？　　　　　　　（　　）

(4) 她愿意吃药还是不愿意住院？　　　（　　）

10 读短文并回答问题。

Read the passage and answer the questions.

马大为的身体

马大为身体很好。天气很冷，他常常穿很少的衣服。昨天（zuótiān，yesterday）下雪（xuě，snow），他穿衬衫（chènshān，shirt）。今天上午他没有起床，他不能去上课。他说："我头疼。"我说："你应该多穿点儿衣服。"

问题 Questions

(1) 马大为身体好吗？

(2) 马大为为什么头疼？

(3) 马大为为什么不能上课？

文化知识 Cultural Notes

Traditional Chinese Medicine and Chinese Herbal Medicine

China has its own traditional medical science, that is, Chinese medicine. With a long history and different from Western medicine, it is based on the traditional Chinese philosopy. Its major diagnosis methods are watching, hearing, asking and touching. Chinese herbal medicine is used and acupuncture and moxibustion are operated to cure diseases.

Chinese herbal medicine is used in traditional Chinese medical practice, which has a history of thousands of years. According to legend, an emperor of remote antiquity called Shennong ("Holy Farmer") experimented with many types of herbs in order to find cures for the people. Traditional Chinese herbal medicine differs from modern Western medicine in that basically it does not use artificially created chemicals but is extracted directly from natural substances. Traditional Chinese remedies can be divided into three categories, according to their sources. The first are the medicines from vegetables. The second are the medicines from animals, including their organs and secretions. The third are the medicines from mineral sources. Traditional Chinese medicine can be effective to prevent and cure many diseases. With the advancement of modernization of Chinese herbal medicine, this common wealth of mankind will be used by more people in the world.

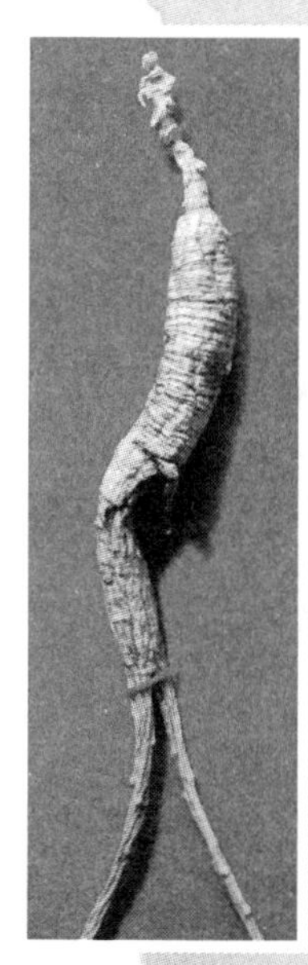

Ma Dawei recently met a beautiful girl. In this lesson, he will show us how to make phone calls, rent a house, ask for help, and make an invitation in Chinese.

第十三课 Lesson 13

Wǒ rènshi le yí ge piàoliang de gūniang
我 认识 了 一 个 漂亮 的 姑娘

一 课 文 Text

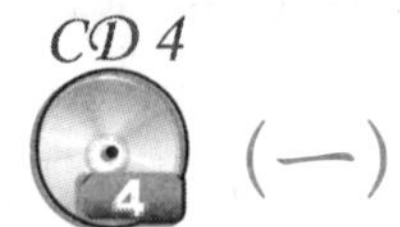

CD 4

(一)

Sòng Huá: Dàwéi, tīngshuō nǐ dé le gǎnmào, xiànzài nǐ shēntǐ zěnmeyàng?
宋华：大为，听说你得了感冒，现在你身体怎么样？

Mǎ Dàwéi: Wǒ qù le yīyuàn, chī le hěn duō zhōngyào. Xiànzài wǒ tóu hái yǒudiǎnr téng.
马大为：我去了医院，吃了很多中药。① 现在我头还有点儿疼。

【谈已经发生的事】Talking about something that has happened

Sòng Huá: Nǐ hái yīnggāi duō xiūxi.
宋华：你还应该多休息。

Mǎ Dàwéi: Sòng Huá, wǒ xiǎng gàosu nǐ yí jiàn shìr.
马大为：宋华，我想告诉你一件事儿。

Sòng Huá: Shénme shìr?
宋华：什么事儿？

Mǎ Dàwéi: Wǒ rènshi le yí ge piàoliang de gūniang, tā yuànyì zuò wǒ nǚ péngyou. Wǒmen chángcháng yìqǐ sànbù, yìqǐ kàn diànyǐng、hē kāfēi, yìqǐ tīng yīnyuè.
马大为：我认识了一个漂亮的姑娘，她愿意做我女朋友。我们常常一起散步，一起看电影、喝咖啡，一起听音乐。

Sòng Huá: Zhùhè nǐ! Zhè shì hǎo shì a.
宋华：祝贺你！这是好事啊。

Mǎ Dàwéi: Xièxie. Shì hǎo shì, kěshì wǒ de sùshè tài xiǎo, tā bù néng cháng lái wǒ zhèr. Wǒ xiǎng zhǎo yí tào fángzi.
马大为：谢谢。是好事，可是我的宿舍太小，她不能常来我这儿。②我想找一套房子。

Sòng Huá: Nǐ xiǎng zū fángzi?
宋华：你想租房子？③

Mǎ Dàwéi: Shì a, wǒ xiǎng zū yí tào yǒu chúfáng hé cèsuǒ de fángzi, fángzū bù néng tài guì.
马大为：是啊，我想租一套有厨房和厕所的房子，④房租不能太贵。

Sòng Huá: Xīngqīliù wǒ gēn nǐ yìqǐ qù zū fáng gōngsī, hǎo ma?
宋华：星期六我跟你一起去租房公司，好吗？

Mǎ Dàwéi: Tài hǎo le.
马大为：太好了。

生词 New Words

1	姑娘	N	gūniang	girl 漂亮的姑娘，小姑娘
2	听说	V	tīngshuō	to be told
	听	V	tīng	to listen
3	得	V	dé	to have, to get 得感冒，得病
4	告诉	V	gàosu	to tell
5	件	M	jiàn	(*a measure word*) piece 一件事儿，一件衣服
6	事儿	N	shìr	matter, affair, thing 好事儿，什么事儿
7	散步	VO	sànbù	to take a walk, to walk 一起散步
	步	N	bù	step
8	电影	N	diànyǐng	movie 看电影，中国电影
	电	N	diàn	electricity
	影	N	yǐng	shadow
9	可是	Conj	kěshì	but
10	找	V	zhǎo	to look for 找房子，找人，找东西
11	房子	N	fángzi	house 住房子，没有房子，买房子
12	租	V	zū	to rent 租房子，租光盘
13	套	M	tào	suite 一套房子
14	厨房	N	chúfáng	kitchen 一间厨房
15	厕所	N	cèsuǒ	toilet 一间厕所，男厕所，女厕所
16	房租	N	fángzū	rent (for a house, flat, etc)
17	公司	N	gōngsī	company 小公司，大公司，租房公司

CD 4

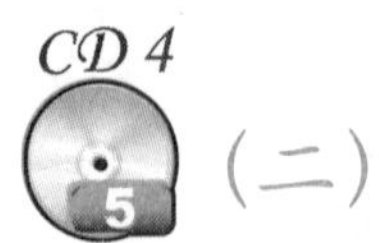

（二）

（宋华与马大为在家美租房公司）

Mǎ Dàwéi: Nà tào fángzi fángzū tài guì, nǐ shuō, wǒ yīnggāi zěnme bàn?
马大为：那 套 房子 房租 太 贵，你 说，我 应该 怎么 办？[5]

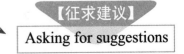

【征求建议】Asking for suggestions

Sòng Huá: Nǐ xiǎng zū háishi bù xiǎng zū?
宋华：你 想 租 还是 不 想 租？

Mǎ Dàwéi: Dāngrán xiǎng zū.
马大为：当然 想 租。

Sòng Huá: Wǒ gěi Lù Yǔpíng dǎ ge diànhuà, ràng tā lái bāngzhù wǒmen.
宋华：我 给 陆 雨平 打 个 电话，让 他来 帮助 我们。

Mǎ Dàwéi: Tā hěn máng, huì lái ma?
马大为：他 很 忙，会 来 吗？

Sòng Huá: Tā huì lái.
宋华：他 会 来。

（宋华给陆雨平打电话）

Lù Yǔpíng: Wèi, nǎ yí wèi a?
陆雨平：喂，哪 一 位 啊？⑥

【打电话】
Making a phone call

Sòng Huá: Wǒ shì Sòng Huá, wǒ hé Dàwéi xiànzài zài Jiāměi Zūfáng Gōngsī.
宋华：我 是 宋 华，我 和 大为 现在 在 家美 租房 公司。

Lù Yǔpíng: Nǐmen zěnme zài nàr?
陆雨平：你们 怎么 在 那儿？

Sòng Huá: Dàwéi yào zū fángzi.
宋华：大为 要 租 房子。

Lù Yǔpíng: Nǐmen kàn méi kàn fángzi?
陆雨平：你们 看 没 看 房子？

Sòng Huá: Wǒmen kàn le yí tào fángzi. Nà tào fángzi hěn hǎo, yǒu yì jiān wòshì hé yì jiān kètīng, kěshì fángzū yǒudiǎnr guì.
宋华：我们 看 了 一 套 房子。那 套 房子 很 好，有 一 间 卧室 和 一 间 客厅，可是 房租 有点儿 贵。

Lù Yǔpíng: Nǐmen zhǎo le jīnglǐ méiyǒu?
陆雨平：你们 找 了 经理 没有？⑦

Sòng Huá: Wǒmen méiyǒu zhǎo jīnglǐ.
宋华：我们 没有 找 经理。

Lù Yǔpíng: Sòng Huá, zhè ge gōngsī de jīnglǐ shì wǒ péngyou, wǒ gēn tā shuō yíxià, qǐng tā bāngzhù nǐmen, wǒ xiǎng kěnéng méiyǒu wèntí.
陆雨平：宋 华，这 个 公司 的 经理 是 我 朋友，我 跟 他 说 一下，请 他 帮助 你们，我 想 可能 没有 问题。

Sòng Huá: Hǎo a. Wǎnshang wǒmen qǐng nǐ hé nǐ péngyou chīfàn.
宋华：好 啊。 晚上 我们 请 你 和 你 朋友 吃饭。⑧

Lù Yǔpíng: Hǎo, nǐmen zài gōngsī děng wǒ, zàijiàn.
陆雨平：好，你们 在 公司 等 我，再见。

Sòng Huá: Zàijiàn.
宋华：再见。

生词 New Words

1	办	V	bàn	to do 怎么办
2	打电话	VO	dǎ diànhuà	to make a phone call 给她打电话
	电话	N	diànhuà	telephone, phone call 一个电话，你的电话
3	让	V	ràng	to let, to allow, to make
4	帮助	V	bāngzhù	to help
5	喂	Int	wèi	hello, hey
6	位	M	wèi	(*a polite measure word for persons*) 一位小姐，一位老师，一位医生，哪一位
7	间	M	jiān	(*a measure word for rooms, houses, etc*) 一间厨房

8	卧室	N	wòshì	bedroom
9	客厅	N	kètīng	living room
10	经理	N	jīnglǐ	manager
11	可能	OpV	kěnéng	maybe 可能来，可能感冒， 可能住院
12	吃饭	VO	chīfàn	to eat (a meal)
	饭	N	fàn	meal 饭店
13	等	V	děng	to wait 等人，等他们，等一下
14	家美	PN	Jiāměi	(name of a house rental agency)

补充生词 Supplementary Words

1.	包括	V	bāokuò	to include
2.	水电费	N	shuǐdiànfèi	charges for water and electricity
3.	方便	A	fāngbiàn	convenient
4.	巧	A	qiǎo	coincidental
5.	热心	A	rèxīn	enthusiastic
6.	合适	A	héshì	suitable
7.	新	A	xīn	new
8.	回信	N/VO	huíxìn	reply / to reply to a letter

二 注 释 Notes

① 我吃了很多中药。

"I have had many Chinese medicines."

When the adjectives “多” and “少” are used as attributive modifiers, we must put adverbs such as “很” before them. For example: “很多中药” or “很多学生”, and not “多中药”, “多学生”. “的” may be left out after “很多”.

② 她不能常来我这儿。

"She cannot come to my place very often."

The objects of the verbs "来、去、到、在" and the preposition "在" are generally words of place or location; if they are not, then "这儿" and "那儿" must be added to them. For example: "来我这儿", "去力波那儿", "到我朋友那儿", "在老师这儿".

We cannot say "来我" or "在老师".

Generally, "常常" and "常" are used interchangeably.

③ 你想租房子?

"Do you want to rent a house?"

A declarative sentence can be turned into a question by reading it with the same intonation as an interrogative sentence.

④ 我想租一套有厨房和厕所的房子。

"I want to rent a house with a kitchen and a bathroom."

We must add "的" to a verb or verbal phrase to turn it into an adjective modifier. For example:

有厨房的房子

给她的蛋糕 (the cake for her)

今天来的人 (the people who came today)

⑤ 你说,我应该怎么办?

"What do you think I should do?"

"你说" (or "你看") is used here to solicit the listener's opinion.

⑥ 喂,哪一位啊?

"Hello, who is it speaking?"

"喂" is an interjection often used in phone calls as a form of greeting or response. For example:

喂,是丁力波吗?

喂,我是马大为,请问您找谁?

喂,您好,我想找一下王小云。

The measure word "位" applies to persons only and is a more polite and respectful form than the measure word "个". For example:

这位先生　　二十位老师　　两位教授

⑦ 你们找了经理没有？

"Have you (found and) talked to the manager?"

"找经理" here means "to talk to the manager".

⑧ 晚上我们请你和你朋友吃饭。

"We'll invite you and your friend to dinner this evening."

"吃饭" means "to eat (a meal)". "请……吃饭" means "to invite someone to dinner (or lunch)".

三 练习与运用 Drills and Practice

● 核心句 KEY SENTENCES

1. 她不能常来我这儿。
2. 我想租一套有厨房和厕所的房子。
3. 我给陆雨平打个电话，让他来帮助我们。
4. 他会来吗？
5. 你们看没看房子？
6. 我们看了一套房子。
7. 你们找了经理没有？
8. 我们没有找经理。
9. 晚上我们请你和你朋友吃饭。

1 熟读下列词组 Read the following phrases until you learn them by heart

（1）看了一套房子　认识了一位教授　买了两斤香蕉　找了两块钱

说了一件事　送了一张光盘　参加了一个聚会　喝了红葡萄酒

（2）找没找　租没租　等没等　买没买　看没看　问没问　来没来

上课没上课　休息没休息　起床没起床　锻炼没锻炼　帮助没帮助

（3）这儿　他那儿　老师那儿　我朋友那儿　我哥哥这儿　王经理那儿

（4）可能来　可能去　可能做　不可能等　不可能租　可能不可能帮助

（5）一件事儿　一件上衣　这件衣服　那间厨房　这间宿舍
这位小姐　那位医生　一位朋友　一位经理　一位记者

（6）让他帮助你　让他去那儿　让他写汉字
请他们吃饭　请小姐喝咖啡　请我朋友教我

2 句型替换 Pattern drills

（1）A：我想告诉你一件事儿。
B：什么事儿？
A：我认识了一个姑娘。
B：好啊。

看	一个中国电影
买	一件衣服
参加	一个聚会
写	二十个汉字

（2）A：他们看没看房子？
B：他们看了一套房子。
A：你呢？
B：我没有看。

买	苹果	五斤
吃	蛋糕	很多
喝	葡萄酒	一瓶

（3）A：你去了租房公司没有？
B：我去了租房公司。
A：租房公司怎么样？
B：租房公司很好。

吃	生日蛋糕
买	那本中文书
听	那张光盘
租	那间房子

（4）A：你给大为打个电话，好吗？
B：什么事儿？
A：让他去租房公司。
B：没问题。

来	我这儿
去	老师那儿
等	他女朋友
找	张教授

(5) A：你请他做什么？
B：我请他吃饭。
A：他会来吗？
B：他会来。

看电影	去
散步	来
喝咖啡	去
介绍中国文化	来

(6) A：喂，哪一位啊？
B：我是马大为。我现在在租房公司。
A：你怎么在那儿？
B：我要租房子。

王小云	丁力波宿舍	帮助他学习
宋华	汉语系	找陈老师
陆雨平	宋华家	祝贺他的生日
丁力波	医院	看病

3 看图造句 Make sentences according to the pictures

A：他想买什么？
B：他________________。

A：他买了什么？
B：他________________。

A：他要什么？
B：他________________。

A：她要了咖啡还是要了酒？
B：她________________。

4 会话练习 Conversation practice

【打电话 Making a phone call】

(1) A：喂，哪一位啊？
B：我是____________________。

A：是你啊。你怎么样？有什么事儿？

B：__________________________。

（2）A：喂，你好，请问您找谁？

B：我找丁力波，我是他朋友。

A：好，请等一下。

C：喂，我是__________。

B：你好，力波，我想告诉你一件事儿。

（3）A：喂，是403号宿舍吗？

B：是啊，您找谁？

A：王小云在吗？

B：__________。

A：请问，她家的电话号码是多少？

B：82305647。

A：谢谢。

【租房 Renting a house】

（1）A：我想租一间房子。

B：你的宿舍不好吗？

A：我的宿舍_____________，想______________。

B：好，我跟你一起去租房公司。

（2）A：您想租房子吗？

B：是，我想租一套有__________、__________的房子。

A：我们家美租房公司有很多好房子。

B：房租贵不贵？

A：不贵，每月__________元。

B：包括（bāokuò）水电费（shuǐdiànfèi）吗？

A：不包括。

B：可以看一下吗？

A：当然可以。

【征求建议 Asking for suggestions】

（1）A：明天是我姐姐的生日。你说，我应该给她买什么？

B：你可以买________________。

A：我应该在哪儿买________________？

B：________________。

（2）A：我想跟你说一件事儿。

B：什么事儿？

A：星期日是我女朋友的生日，可是宋华让我参加一个聚会。你说，我应该怎么办？

B：________________________________。

【邀请 Making an invitation】

（1）A：星期天你有时间吗？

B：我________________。

A：我想请你________________。

B：________________。

（2）A：白小姐，晚上我请你________________，好吗？

B：对不起，我________________。

A：你什么时候有时间？

B：________________。

5 交际练习 Communication exercises

(1) Make a phone call from the university dormitory to one of your friends to tell him / her something that has happened recently in your life or studies.

(2) Your mother and father are coming to China to see you, and you want to rent a house for them. You asked the rental company to find a large house with a kitchen and a bathroom for you. Your parents will live in it for half a month.

(3) Thanksgiving Day (感恩节, Gǎn'ēn jié) is coming and you are inviting a few good friends to dinner. Some of them can come and some cannot.

(4) You are buying things in a supermarket to make Thanksgiving dinner. How will you ask for help from the salesperson?

四 阅读与复述 Reading Comprehension and Paraphrasing

马大为给女朋友小燕子(Xiǎoyànzi)的一封信

亲爱(qīn'ài, dear)的小燕子：

你好吗？我很想(xiǎng, miss)你。

星期三我得了感冒，头疼，嗓子有点儿发炎，还有点儿发烧。可是现在我好了。

我想跟你说一件事儿。小燕子，我很喜欢你。我想让你常常来看我，跟我一起听音乐，喝咖啡。可是我住的宿舍太小，也不方便(fāngbiàn)。我想租一套房子，有厨房，有厕所，房租不能太贵。我请宋华帮助我找房子。

星期六我和宋华一起去了家美租房公司，我们看了一套房子，房子很好，很大，有厨房、厕所，可是房租太贵。宋华给陆雨平打了一个电话，问他我们应该怎么办。真巧(qiǎo)，家美租房公司的经理是陆雨平的朋友，陆雨平请他帮助我们。这位经理很热心(rèxīn)，他让我们看了很多房子。我租了一套很合适(héshì)的房子，房租不太贵。晚上我们请陆雨平和经理去吃了北京烤鸭。我真高兴。

小燕子，我想请你来看一下我的新(xīn)房子。你说，什么时候合适？

我等你的回信(huíxìn)。

你的大为

12月10日

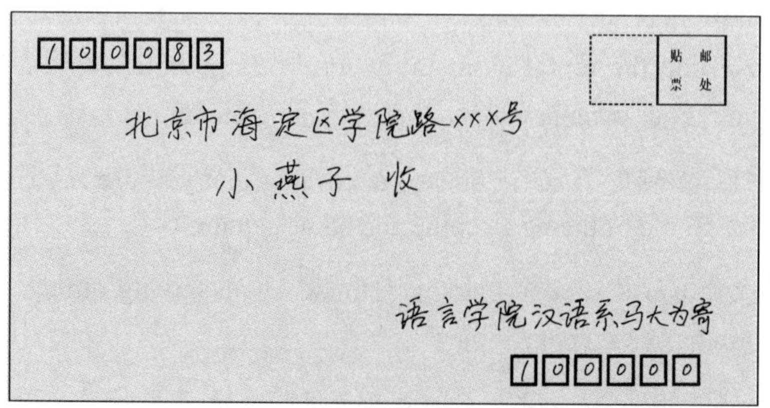

五 语法 Grammar

1. 助词“了” The particle “了”

The particle “了” can be used after a verb to indicate somebody has done something. For example:

	Compare:	
你买了几个苹果？ (How many apples have you bought?)		你买几个苹果？ (How many apples are you going to buy? How many apples will you buy?)
我买了五个苹果。 (I have bought five apples.)		我买五个苹果。 (I'm going to buy five apples. I will buy five apples.)

If the verb with a “了” takes an object, this object usually has an attributive, which, in many cases, is a numeral-measure word, an adjective or a pronoun.

V + 了 + Nu-M / Pr / A + O

Subject	Predicate			
	Verb	了	Nu-M / Pr / A	Object
我们	看	了	一套	房子。
王小云	买	了	两瓶	酒。
马大为	认识	了	一个 漂亮的	姑娘。
大为	吃	了	很多	中药。
我	介绍	了	那位	教授。
他	看	了	有名的	京剧。
她朋友	租	了	她的	房子。

If the object does not have an attributive (eg: “他买了苹果” or “大为得了感冒”), other elements are needed in the predicate to form a complete sentence. For example:

听说你得了感冒，现在你身体怎么样？

我去了医院，也吃了很多中药。

The negative form of this kind of sentence is made by placing “没”, or “没有”, before the verb and omitting “了” after the verb.

没(有) + V + O

我们没有找经理。

他没买酒。

Note: One can never use “不” to negate this kind of sentence.

The V/A-not-V/A form is: “V + 没（有）+ V” or “V + 了没有”.

V + 没（有）V + O

你们看没看房子？

你们找没找经理？

V + 了 + O + 没有

你们看了房子没有？

你们找了经理没有？

Note: “了” only indicates the realization or completion of an action, but not the time at which this action occurs (which may be in the past, present, or future). In this kind of sentence, the action, in many cases, has already happened. It is also possible, though, that the completion of the action will occur in the future. For example:

明天下午我买了本子去吃饭。

(Tomorrow afternoon I'll have supper after I buy the notebooks.)

Not all the past actions need the particle “了”. If an action occurs frequently or a sentence describes an action in the past but does not emphasize the completion of the action, “了” is not used. For example:

过去（guòqù, in the past）他常常来看我，现在他不常来看我。

去年（qùnián, last year）我在美术学院学习美术。

2. 兼语句 Pivotal sentences

The pivotal sentence is also a sentence with a verbal predicate. Its predicate is composed of two verbal phrases. The object of the first verb is also the subject of the second verb. The first verb in a pivotal sentence should be a verb with the meaning of “making” or “ordering” somebody to do something, such as “请” or “让”.

Both “请” and “让” have the meaning of “asking someone to do something”. “请” is used in a formal situation and sounds polite. “请” also has the meaning of “to invite”. For example:

晚上我们请你和你朋友吃饭。

Subject	Predicate			
	Verb 1	Object 1 (Subject 2)	Verb 2	Object 2
宋华	让	陆雨平	来帮助	他们。
陆雨平	请	经理	帮助	马大为。
妈妈	不让	她	喝	咖啡。

3. 能愿动词谓语句(3)：可能、会

Sentences with an optative verb(3)：“可能”and “会”

The optative verb “可能” expresses possibility. Besides expressing ability, “会” is also used to express possibility. For example:

今年八月他可能去上海。
现在八点，他不可能睡觉。
明天他会不会来上课？
他得了感冒，明天不会来上课。

六 综合练习 Comprehensive Practice

CD 4 6 1~3

1 听录音并回答听到的问题。

Listen and answer the questions you hear.

1. ________________
2. ________________
3. ________________
4. ________________

2 听短文并判断正误。

Listen to the following passage and decide whether the statements are true (T) or false (F).

1. 马大为的女朋友很漂亮。 ( )
2. 林娜和丁力波在学院认识了小燕子。 ( )
3. 马大为不想告诉他的朋友他有了女朋友。( )

3 听录音并填空。

Listen and fill in the blanks.

1. 我________你们吃饭。
2. 他们找了________公司。
3. 我________了一个漂亮姑娘。
4. 你去看病________吗？
5. 林娜，________你一件事。

4 选择正确的汉字填空。

Fill in the blanks with the correct characters.

(1) 你身______怎么样？

A. 休　B. 体　C. 本

(2) 我告______你一件事儿。

A. 听　B. 所　C. 诉

(3) 马大为______身都不舒服。

A. 金　B. 全　C. 会

(4) 你愿______吃中药吗？

A. 思　B. 想　C. 意

5 模仿示例写一个便条。

Follow the example and write a note.

Example

陈老师：

我今天头疼，还有点儿发烧，很不舒服。医生说应该休息两天。对不起，我明天不能来上课。

马大为

十一月二十八日

Suppose you visited a friend, but he was not in. Write a note to him.

6 完成下列对话。

Complete the following dialogues.

(1) A：______________________？

B：我当然想租房子。

(2) A：______________________？

B：我吃了药。

(3) A：______________________？

B：我请了他们。

(4) A：______________________？

B：我给他打了一个电话。

7 连接 I 和 II 两个部分的词，组成词组。

Make phrases by matching the words from part I with those from part II. Draw lines to connect them.

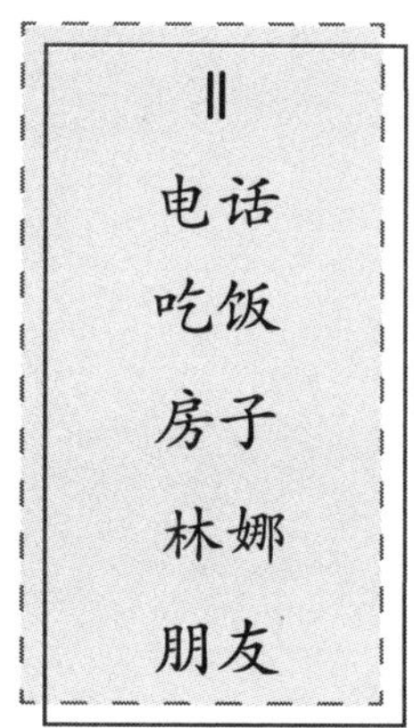

8 把下列陈述句变成“动词/形容词＋不＋动词/形容词”结构的疑问句，并给出否定回答。

Change the following statements into V/A-不-V/A questions, and then give negative answers to the questions.

(1) 我上午给他打了电话。

(2) 我们看了一套房子。

(3) 我昨天请他吃饭。

(4) 他星期六找了经理。

(5) 他买了一斤苹果。

9 用所给词造句。

Make sentences with the words given.

听说：______________________________

了：______________________________

让：______________________________

办：______________________________

可能：______________________________

等：______________________________

10 根据本课课文判断正误。

Decide whether the statements are true (T) or false (F) according to the text of this lesson.

(1) 马大为认识了一个男朋友。 (　　)

(2) 马大为想租房子。 (　　)

(3) 宋华看的那套房子很贵。 (　　)

(4) 丁力波想租房子。 (　　)

(5) 宋华星期天和马大为一起去租房子。(　　)

11 判断下列句子语法是否正确。

Decide whether the statements are grammatically correct (√) or wrong (×).

(1) 我让她不来。 (　　)

(2) 这两天太忙我。 (　　)

(3) 她让我等她。 (　　)

(4) 我给我妈妈打了一个电话。 (　　)

12 读短文并回答问题。

Read the passage and answer the questions.

在新家

马大为租了一套房子，他非常高兴。他请了他的中国朋友来吃饭。他的房子里有卧室、客厅、厨房和厕所。他的房子很好，可是现在没有家具（jiājù，furniture）。朋友们都坐在地上。

问题 Questions

(1) 马大为的新家怎么样？

(2) 马大为请中国朋友来新家做什么？

(3) 朋友们为什么坐在地上？

文化知识 Cultural Notes

Students' Dormitory

Unlike most Western universities, in China, there is usually a residential area on the university's campus, where all the students live. Many students find living in the dormitory convenient. Since the buildings are on campus and close to classrooms and research facilities, students may go to class and libraries on foot and thus save the time. Moreover, living in the dormitory is convenient for students to help each other, exchange ideas, and gain interpersonal skills. However, some students feel sharing a room with others inconvenient at times. In university nowadays, there are usually four to six students sharing a room. Sometimes, there are eight people living in a much bigger room. When there are more students in a room, they may interfere with each other. For instance, a dormitory cannot possibly provide the privacy needed for a date. In this lesson, Ma Dawei is eager to move out of the dormitory in order to gain some private space.

If you're studying in China but don't want to live in a dormitory, you may also consider renting an off-campus apartment. If you decide to rent an apartment, you can ask for help from a professional rental agency, or simply go online to get the latest information on rental housing.

第十四课
Lesson 14

It's time for you to learn the last lesson of this volume! By the end of the lesson, you will know how to 1) make a complaint or an apology; 2) send regards on someone else's behalf; 3) ask how a friend is getting along and 4) express greetings at festival times. This lesson also includes a summary and review of the major grammatical points covered in the previous lessons. With this review you will find that you have learned so many Chinese sentence patterns. Please keep working hard!

复习 Review
Zhù nǐ Shèngdàn kuàilè
祝你圣诞快乐

一 课文 Text

CD 4

Mǎ Dàwéi：Lìbō，shàngwǔ shí diǎn bàn，nǐ māma gěi nǐ dǎ le yí ge diànhuà. Wǒ gàosu tā nǐ bú zài. Wǒ ràng tā zhōngwǔ zài gěi nǐ dǎ.

马大为：力波，上午十点半，你妈妈给你打了一个电话。我告诉她你不在。我让她中午再给你打。

Dīng Lìbō：Xièxie. Wǒ gāngcái qù yóujú gěi wǒ māma jì le diǎnr dōngxi. Dàwéi, wǒ jīntiān dǎsǎo le sùshè, nǐ de zāng yīfu tài duō le.

丁力波：谢谢。我刚才去邮局给我妈妈寄了点儿东西。大为，我今天打扫了宿舍，你的脏衣服太多了。

Mǎ Dàwéi: Bù hǎoyìsi. Zhè liǎng tiān wǒ tài máng le, wǒ xiǎng xīngqīliù yìqǐ xǐ.
马大为：不好意思。① 这两天我太忙了，我想星期六一起洗。②

【抱怨与致歉】
Making a complaint or an apology

(力波的妈妈给他打电话)

Mǎ Dàwéi: Wèi, nǐ hǎo, nǐ zhǎo shéi? À, Dīng Lìbō zài, qǐng děng yíxià. Lìbō, nǐ māma de diànhuà.
马大为：喂，你好，你找谁？啊，丁力波在，请等一下。力波，你妈妈的电话。

Dīng Lìbō: Xièxie. Māma, nǐ hǎo!
丁力波：谢谢。妈妈，你好！

Dīng Yún: Lìbō, nǐ hǎo ma?
丁云：力波，你好吗？

Dīng Lìbō: Wǒ hěn hǎo. Nǐ hé bàba shēntǐ zěnmeyàng?
丁力波：我很好。你和爸爸身体怎么样？

Dīng Yún: Wǒ shēntǐ hěn hǎo, nǐ bàba yě hěn hǎo. Wǒmen gōngzuò dōu hěn máng. Nǐ wàipó shēntǐ hǎo ma?
丁云：我身体很好，你爸爸也很好。我们工作都很忙。你外婆身体好吗？

【转达问候】
Passing someone's regards

Dīng Lìbō: Tā shēntǐ hěn hǎo. Tā ràng wǒ wèn nǐmen hǎo.
丁力波：她身体很好。她让我问你们好。③

Dīng Yún: Wǒmen yě wèn tā hǎo. Nǐ gēge、dìdi zěnmeyàng?
丁云：我们也问她好。你哥哥、弟弟怎么样？

Dīng Lìbō: Tāmen yě dōu hěn hǎo. Gēge xiànzài zài yí ge zhōngxué dǎgōng, dìdi zài nánfāng lǚxíng. Wǒmen dōu hěn xiǎng nǐmen.
丁力波：他们也都很好。哥哥现在在一个中学打工，弟弟在南方旅行。我们都很想你们。

Dīng Yún: Wǒmen yě xiǎng nǐmen. Nǐ xiànzài zěnmeyàng? Nǐ zhù de
丁云：我们 也 想 你们。你 现在 怎么样？ 你 住 的

sùshè dà bu dà? Zhù jǐ ge rén?
宿舍 大 不 大？[4] 住 几 个 人？

Dīng Lìbō: Wǒmen liúxuéshēng lóu liǎng ge rén zhù yì jiān. Wǒ gēn yí
丁力波：我们 留学生 楼 两 个 人 住 一 间。[5] 我 跟 一

ge Měiguó rén zhù, tā de Zhōngwén míngzi jiào Mǎ Dàwéi.
个 美国 人 住，他 的 中文 名字 叫 马 大为。

Dīng Yún: Tā yě xuéxí Hànyǔ ma?
丁云：他 也 学习 汉语 吗？

Dīng Lìbō: Duì, tā yě xuéxí Hànyǔ. Wǒ hái yǒu hěn duō Zhōngguó
丁力波：对，他 也 学习 汉语。 我 还 有 很 多 中国

péngyou, tāmen chángcháng bāngzhù wǒ niàn shēngcí、fùxí
朋友， 他们 常常 帮助 我 念 生词、复习

kèwén、liànxí kǒuyǔ. Wǒ hái chángcháng wèn tāmen yǔfǎ
课文、练习 口语。我 还 常常 问 他们 语法

wèntí, tāmen dōu shì wǒ de hǎo péngyou.
问题，他们 都 是 我 的 好 朋友。

Dīng Yún: Zhè hěn hǎo. Lìbō, jīnnián nǐ yào zài Zhōngguó guò
丁云：这 很 好。力波，今年 你 要 在 中国 过

Shèngdàn Jié, bù néng huí jiā, wǒ hé nǐ bàba yào sòng
圣诞 节，不 能 回 家，我 和 你 爸爸 要 送

nǐ yí jiàn Shèngdàn lǐwù.
你 一 件 圣诞 礼物。

Dīng Lìbō: Xièxie nǐmen. Wǒ yě gěi nǐmen jì le Shèngdàn lǐwù.
丁力波：谢谢 你们。我 也 给 你们 寄 了 圣诞 礼物。

Dīng Yún: Shì ma? Shèngdàn Jié wǒ hé nǐ bàba xiǎng qù Ōuzhōu
丁云：是 吗？圣诞 节 我 和 你 爸爸 想 去 欧洲

lǚxíng. Nǐ ne? Nǐ qù bu qù lǚxíng?
旅行。你 呢？你 去 不 去 旅行？

Dīng Lìbō: Wǒ yào qù Shànghǎi lǚxíng.
丁力波：我 要 去 上海 旅行。

【节日祝愿】
Extending holiday greetings

Dīng Yún: Shànghǎi hěn piàoliang. Zhù nǐ lǚxíng kuàilè!
丁云：上海 很 漂亮。祝 你 旅行 快乐！

Dīng Lìbō: Xièxie. Wǒ yě zhù nǐ hé bàba Shèngdàn kuàilè!
丁力波：谢谢。我 也 祝 你 和 爸爸 圣诞 快乐！

生词 New Words

1	中午	N	zhōngwǔ	noon 今天中午，明天中午，星期一中午
2	刚才	Adv	gāngcái	just now
3	邮局	N	yóujú	post office
	邮	V	yóu	to post, to mail
	局	N	jú	office, bureau
4	寄	V	jì	to post, to mail 寄书，寄光盘，寄东西
5	打扫	V	dǎsǎo	to clean 打扫房子，打扫宿舍
	扫	V	sǎo	to sweep
6	脏	A	zāng	dirty 脏衣服
7	不好意思	IE	bù hǎoyìsi	feel embarrassed 不好意思说，不好意思去
8	洗	V	xǐ	to wash 洗衣服， 洗手， 洗苹果
9	中学	N	zhōngxué	middle school 中学老师， 中学生
10	打工	V	dǎgōng	to have a part-time job 在中学打工，在哪儿打工
11	南方	N	nánfāng	south 中国南方，去南方
12	旅行	V	lǚxíng	to travel 去旅行，去北京旅行
13	想	V	xiǎng	to miss 想妈妈，想家

14	留学生	N	liúxuéshēng	student studying abroad, international student 外国留学生，留学生宿舍
15	住	V	zhù	to live, to stay
16	楼	N	lóu	building 八号楼，四楼，留学生楼
17	对	A	duì	right, correct 不对
18	念	V	niàn	to read
19	生词	N	shēngcí	new word 念生词，写生词，教生词
	生	A	shēng	new
	词	N	cí	word
20	复习	V	fùxí	to review 复习生词，复习外语
21	课文	N	kèwén	text 念课文，学习课文，复习课文，教课文
22	练习	V/N	liànxí	to practice/exercise 练习生词，做练习
	练	V	liàn	to practice
23	口语	N	kǒuyǔ	spoken language 练习口语，教口语
24	语法	N	yǔfǎ	grammar 学习语法，教语法
25	节	N	jié	festival
26	圣诞	PN	Shèngdàn	Christmas 圣诞快乐
27	欧洲	PN	Ōuzhōu	Europe
28	上海	PN	Shànghǎi	Shanghai

补充生词 Supplementary Words

1. 乱	A	luàn	disordered, messy
2. 整理	V	zhěnglǐ	to put in order, to arrange, to sort out
3. 电视	N	diànshì	TV
4. 元旦	PN	Yuándàn	New Year's Day
5. 春节	PN	Chūn Jié	the Spring Festival
6. 复活节	PN	Fùhuó Jié	Easter

7.	日记	N	rìjì	diary
8.	晴	A	qíng	sunny
9.	包裹	N	bāoguǒ	parcel
10.	惊喜	N	jīngxǐ	pleasant surprise

二 注 释 Notes

① 不好意思。

“不好意思” originally meant “to feel shy”, or “to find it embarrassing to do something”. For example:

不好意思说　　不好意思问　　不好意思吃

At present, this phrase is often used to make an apology. For example:

不好意思，我的宿舍很脏。

让你们等我，真不好意思。

② 这两天我太忙了，我想星期六一起洗。

“I've been very busy during the last few days. I want to wash them all on Saturday.”

“这两天” means “during the last few days”.

③ 她让我问你们好。

“She asks me to send her greetings to you.”

“问…… + Pr / NP + 好” is a construction used to send greetings. For example:

他问你好。（He asked me to send you his greetings.）

（我请你）问他好。（I would like to ask you to send him my greetings.）

④ 你住的宿舍大不大？

“Is the dormitory you live in big?”

When the subject-verb phrase is used as an attributive, “的” must be placed between the attributive and the head word it modifies. For example:

他租的房子怎么样？

这是谁给你的书？

他常去买东西的商场很大。

⑤ 我们留学生楼两个人住一间。

"Two students live in a room in our International Students' Domitory Building."

三 练习与运用 Drills and Practice

● 核心句 KEY SENTENCES

1. 你不在，我让她中午再给你打。
2. 我刚才去邮局给我妈妈寄了点儿东西。
3. 她让我问你们好。
4. 我们也问她好。
5. 你住的宿舍大不大？
6. 祝你和爸爸圣诞快乐！

1 熟读下列词组 Read the following phrases until you learn them by heart

（1）给你　给爸爸　给王医生　给司机钱　给他香蕉　给大为中药
给他打了一个电话　给妈妈寄了一件礼物　给他做了一件事儿
给宋华买了一个生日蛋糕　给陆雨平打了一个电话
给马大为租了一套房子

（2）再打一个电话　再吃一个苹果　再洗一件衣服　再租一套房子

（3）刚才在餐厅　刚才在汉语系　刚才在留学生楼　刚才在陆雨平家
刚才去了邮局　刚才看了电影　刚才看了外婆　刚才打扫了宿舍

（4）他问你好　杨老师问白小姐好　外婆问丁云和古波好
（我）请你问林娜好

（5）常常去锻炼　常常回家　常常去旅行　常常在家喝咖啡
常常在一起说汉语

（6）祝你生日快乐　祝你旅行快乐　祝你圣诞快乐　祝你工作快乐

2 句型替换 Pattern drills

(1) A：刚才丁力波给你来了一个电话。
B：他说什么？
A：他下午再给你打。

你哥哥	让你去邮局
陆雨平	给你租了一套大房子
张教授	请你星期四去一下学院

(2) A：你的衣服太脏了。
B：不好意思。这两天太忙了，我想明天洗。

宿舍	乱 (luàn)	整理 (zhěnglǐ)
书和本子	多	整理
厨房	脏	打扫

(3) A：爸爸，您身体好吗？
B：我身体很好。你妈妈问你好。
A：我也问她好。

王医生	陈老师
外婆	你姐姐
张教授	林娜

(4) A：你每天下午做什么？
B：我每天下午锻炼。
A：晚上呢？
B：晚上复习课文。

上课	做练习
复习语法	写汉字
练习口语	看电视 (diànshì)

(5) A：他住的宿舍怎么样？
B：他住的宿舍很大。

租	房子	舒服
买	礼物	漂亮
寄	东西	贵

(6) A：今年你在哪儿过圣诞节？
B：我在北京过圣诞节。
A：我要送你一件圣诞礼物。祝你圣诞快乐！

元旦 (Yuándàn)	元旦快乐
春节 (Chūn Jié)	春节快乐
复活节 (Fùhuó Jié)	复活节快乐
生日	生日快乐

3 完成对话 Complete the following conversation

A：刚才你男朋友来了。你不在，我让他________________。

B：谢谢。我刚才去学院________________。

A：你男朋友今年多大？

B：________________。

A：他在哪儿工作？

B：________________。

A：他家有几口人？

B：________________。

4 会话练习 Conversation practice

【抱怨与致歉 Making a complaint or an apology】

（1）A：你看一下你的表，现在几点？

B：________，我刚才有点儿事儿，来晚了。

（2）A：今天星期天， 我要休息一下。

B：你能不能整理一下你的书？你的东西太多了。

A：不好意思。我现在________________，我不想今天整理。

B：你想什么时候整理呢？

A：________________。

【转达问候 Passing someone's regards】

（1）A：张先生，你好吗？

B：我________________，你爸爸、妈妈身体怎么样？

A：他们________________。

B：你爸爸、妈妈今年多大岁数？

A：我爸爸今年________，妈妈________。

B：请你问他们好。

A：谢谢。

（2）A：雨平，你怎么样？工作忙不忙？

B：我________________，你呢？

A：我现在在________________学习法语，也很忙。

B：你女朋友好吗？

A：她很好。她让我问你好。

B：谢谢。请你也________________。

【节日祝愿 Extending holiday greetings】

（1）A：今天是元旦，祝你________________。

B：我也________________。

A：我有一件礼物给你。

B：啊，是________________。谢谢你。

（2）A：喂，哪一位啊？

B：我是________________。

A：是________________啊！你好吗？

B：________。今天是你的________生日，我要祝你____________！

A：谢谢。你的生日是哪天？

B：明天是我的生日。

A：我也祝你生日快乐！

【建议与邀请 Making a suggestion or an invitation】

（1）A：明天你有时间吗？

B：明天我有时间。什么事儿？

A：我们去游泳，好吗？

B：太好了！几点去？

A：________________。

（2）A：星期五你忙不忙？

B：不太忙。什么事儿？

A：我们有个聚会，你能不能参加？

B：很抱歉，________________。

5 交际练习 Communication exercises

(1) Your new roommate moved in yesterday. Today you returned to the dormitory and found everything in a mess, including the kitchen and the bathroom. When you are complaining, your roommate apologizes over and over.

(2) You come across an old classmate whom you haven't seen for a long time. You ask how he / she is doing, and then ask him/her to send your regards to his / her family.

(3) On Christmas Eve, you and your friends are extending holiday greetings and wishes to one another. One of them mentions that it is his / her eighteenth birthday, so everyone wishes him/her a happy birthday.

四 阅读与复述 Reading Comprehension and Paraphrasing

丁力波的日记 (rìjì)

12月18日　星期五　天气　晴 (qíng)

下星期五是圣诞节。这是我第一次 (dì yī cì, the first time) 在中国过圣诞节。我要跟小云一起去上海旅行。现在中国年轻 (niánqīng, young) 人也很喜欢过圣诞节。很多商场都有圣诞老人 (Shèngdàn Lǎorén, Santa Claus)。商场东西很多，买东西的人也很多。

上午十点，我去邮局给爸爸、妈妈寄了一个包裹 (bāoguǒ)，是十张京剧光盘。爸爸很喜欢京剧，妈妈也喜欢，我想给他们一个惊喜 (jīngxǐ)。我很想家，也想加拿大。

上午十点半，妈妈给我打了一个电话。我不在，大为让妈妈中午再给我打。

中午我接到（jiēdào，to receive）了妈妈的电话。我真高兴。爸爸、妈妈身体都很好，他们工作都很忙。妈妈让我问外婆好。我告诉她哥哥、弟弟也都很好，哥哥在中学打工，教英语；弟弟在南方旅行。我还给她介绍了我的好朋友马大为。爸爸、妈妈圣诞节要去欧洲旅行，我祝他们旅行快乐。

爸爸、妈妈也给我寄了一件圣诞礼物，我还不知道那是什么礼物。

五 语 法 Grammar

1. 四种汉语句子 Four kinds of Chinese sentences

Simple Chinese sentences can be divided into four kinds according to the elements, which comprise the main part of their predicates.

（1）动词谓语句 Sentences with a verbal predicate

The majority of Chinese sentences have a verbal predicate and are relatively complex. Several types have already been learned and more examples will be introduced in the following lessons. For example:

林娜的男朋友是医生。

他有一个姐姐。

我们学习汉语。

她回学院上课。

我们请他吃饭。

（2）形容词谓语句 Sentences with an adjectival predicate

In a sentence with an adjectival predicate, “是” is not needed. For example:

我很好。

他这两天太忙。

（3）名词谓语句　Sentences with a nominal predicate

In a sentence with a nominal predicate, nouns, noun phrases, or numeral-measure words function directly as the main elements of the predicate, which especially describe age or price. In spoken Chinese, it is also used to express time, birthplace, and so on. For example:

马大为二十二岁。

一斤苹果两块五。

现在八点半。

今天星期天。

宋华北京人。

（4）主谓谓语句　Sentences with a subject-predicate phrase as the predicate

In a sentence with a subject-predicate phrase as the predicate, the thing denoted by the subject of the subject-predicate phrase is usually a part of the thing denoted by the subject of the whole sentence. The subject-predicate phrase describes or explains the subject of the whole sentence. For example:

你身体怎么样？

我头疼。

他学习很好。

2. 六种提问方法　Six question types

（1）用"吗"提问　Questions with "吗"

This is the most commonly used type of question. The person who asks this kind of question has some idea concerning the answer. For example:

您是张教授吗？

你现在很忙吗？

明天你不来学院吗？

（2）正反疑问句　V/A-not-V/A question

This type of question is also frequently used. The person who asks this kind of question has no idea concerning the answer. For example:

你朋友认识不认识他？

你们学院大不大？

你有没有弟弟？

他去没去那个公司？

（3）用疑问代词的问句 Questions with an interrogative pronoun

By using “谁”，“什么”，“哪”，“哪儿”，“怎么”，“怎么样”，“多少” or “几”, this type of question specifically asks who, what, which, where, how, how about, or how many. For example:

今天几号？

他是哪国人？

他的房子怎么样？

（4）用“还是”的选择问句 Alternative questions with “还是”

There are two (or more) possibilities in this type of question for the person addressed to choose from. For example:

他是英国人还是美国人？

我们上午去还是下午去？

你喜欢香蕉还是喜欢苹果？

（5）用“好吗？”（或“是不是？”“是吗？”“可以吗？”）的问句
Tag questions with “好吗？”, “是不是？”, “是吗？” or “可以吗？”

Questions with “好吗？” or “可以吗？” are usually used to ask someone's opinion concerning the suggestion put forward in the first part of the sentence. Questions with “是不是？” or “是吗？” are usually used to confirm the judgement made in the first part of the sentence. For example:

我们去锻炼，好吗？

您学习汉语，是不是？

（6）用“呢”的省略式问句 Elliptical questions with the question particle “呢”

The meaning of this type of question is usually illustrated clearly by the previous sentence. For example:

我很好，你呢？

他上午没有课，你呢？

六 综合练习 Comprehensive Practice

CD 4 8 1~3

1 听录音并回答听到的问题。

Listen and answer the questions you hear.

1. ______________________________
2. ______________________________
3. ______________________________
4. ______________________________
5. ______________________________

2 听对话并判断正误。

Listen to the following dialogues and decide whether the statements are true (T) or false (F).

1. 丁力波的外婆家在中国。 (   )
2. 林娜的外婆家在北京。 (   )
3. 他们去丁力波家打球。 (   )
4. 丁力波请大家去吃火鸡（huǒjī，turkey）。 (   )

3 听录音并填空。

Listen and fill in the blanks.

1. 我给你打________________。
2. 他们都喜欢______________。
3. 请等____________________。
4. 祝你圣诞________________！

4 选择正确的汉字填空。

Fill in the blanks with the correct characters.

(1) 我给你们______绍一下。

A. 个　　B. 介　　C. 竹

(2) 你认______陈老师吗？

A. 只　　B.时　　C.识

(3) 马大为______语言学院学习汉语。

A. 在　　B.再　　C.住

(4) 他很喜欢锻______身体。

A. 练　　B.炼　　C.陈

5 模仿示例，用中文写圣诞卡。

Follow the example and write a Christmas card in Chinese.

Example: A greeting card written by Ding Libo.

6 完成下列对话。

Complete the following dialogues.

(1) A：________________________？

B：我很喜欢在中国过圣诞节。

(2) A：________________________？

B：我能帮你买票。

(3) A：________________________？

B：我在北京过圣诞节。

(4) A: ______________________________?

B：他圣诞节去上海旅游。

7 连接 I 和 II 两个部分的词，组成词组。

Make phrases by matching the words from part I with those from part II. Draw lines to connect them.

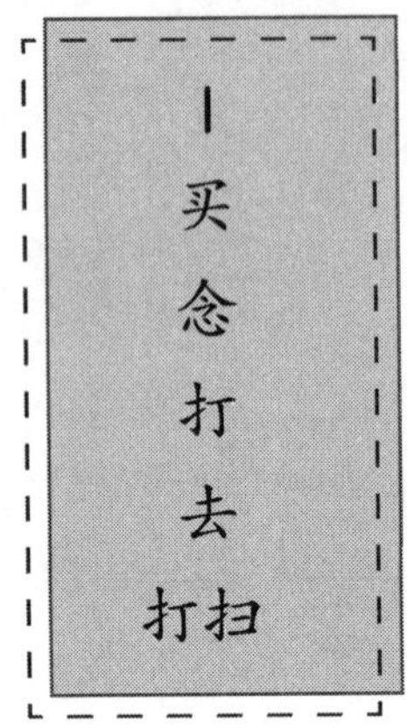

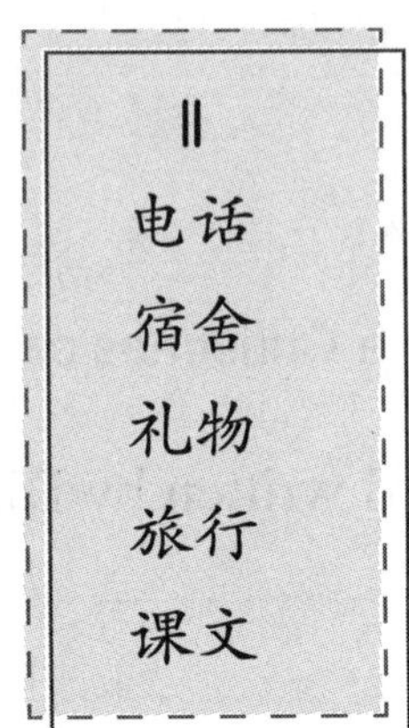

8 把下列陈述句变成选择疑问句或“动词/形容词＋不＋动词/形容词”结构的疑问句。

Change the following statements into alternative questions or V/A-不-V/A questions.

(1) 他给妈妈寄了圣诞礼物。

(2) 我不去参加聚会。

(3) 你应该在北京买礼物。

(4) 他们去南方旅行。

(5) 我不能去旅行。

9 用所给词造句。

Make sentences with the words given.

不好意思：______________________________

礼物：______________________________

寄：______________________________

祝：______________________________

住：________________________________

刚才：______________________________

脏：________________________________

10 根据本课课文判断正误。

Decide whether the statements are true (T) or false (F) according to the text of this lesson.

(1) 留学生一个人一个房间。 (　　)

(2) 上海很漂亮。 (　　)

(3) 圣诞节丁力波的妈妈和爸爸去欧洲旅行。 (　　)

(4) 丁力波在上海过圣诞节。 (　　)

(5) 丁力波不在北京过圣诞节。 (　　)

11 判断下列句子语法是否正确。

Decide whether the statements are grammatically correct (√) or wrong (×).

(1) 她没有了吃。 (　　)

(2) 我还常常问他们语法的问题。 (　　)

(3) 他打工了在北京。 (　　)

(4) 我刚才去了邮局。 (　　)

12 读短文并回答问题。

Read the passage and answer the questions.

节日

中国有很多节日，最（zuì, the most）有名、最热闹的节日是春节。

现在，在中国的外国人很多，不少外国人都过圣诞节。中国的一些年轻人也过圣诞节。他们互相祝贺圣诞快乐。在北京，圣诞节的晚上，到处是圣诞音乐、圣诞礼物和圣诞聚会。圣诞节进入了中国、进入了北京。

问题 Questions

(1) 中国人都过圣诞节吗？

(2) 圣诞节的晚上，北京到处是什么？

(3) 中国最有名的节日是什么？

13 读下面的广告并找出以下信息。

Read the following advertisement and find out:

a. The amount of money one needs to pay for the tour:

____

b. The telephone number if one wants to call the travel agency in the evening:

____

c. How many days the tour lasts: ______________________________

d. Can you figure out any other information?

____

海南三亚尊贵五星完美双飞五日游

宁波直飞海口，无须经停广州，旅游安排更舒适；行程安排全透明，明确住宿酒店及景点游览时间；安排水果宴、椰子宴、南山素斋及东南亚风味小吃等特色餐；全程仅安排一个购物点和自理景点。

1688元/人

发团日期：
5月31日/6月1日/7日/14日

咨询电话：27820666　晚间值班电话：27787805

文化知识 Cultural Notes

Beijing, Shanghai, the Changjiang River, the Huanghe River, and the Great Wall

The two largest cities of China are Beijing and Shanghai. Beijing (北京, Běijīng) is the capital of the People's Republic of China as well as its political, diplomatic and cultural centre. Beijing was the capital city for Liao, Jin, Yuan, Ming and Qing dynasties and it is rich in historic sites, including the Great Wall, the Forbidden City (Palace Museum) (故宫, Gùgōng), the Summer Palace (颐和园, Yíhé Yuán), and the Temple of Heaven (天坛, Tiān Tán), etc. With the economic development, Beijing has become one of the cosmopolitan cities in the world. Shanghai (上海, Shànghǎi) is China's biggest city as well as its largest industrial and economic centre.

There are many rivers in China, the largest ones of which are the Changjiang River and the Huanghe River. Changjiang(长江, Cháng Jiāng), literally, the "Long River", is commonly known as the Yangtze River in English. It is the longest river in China and one of the longest in the world. It stretches more than 6,000 kilometres. Huanghe (黄河, Huáng Hé), or literally the "Yellow River", is the second longest river in China, flowing a total of more than 5,000 kilometres. The Huanghe River Valley is considered as the cradle of Chinese civilization.

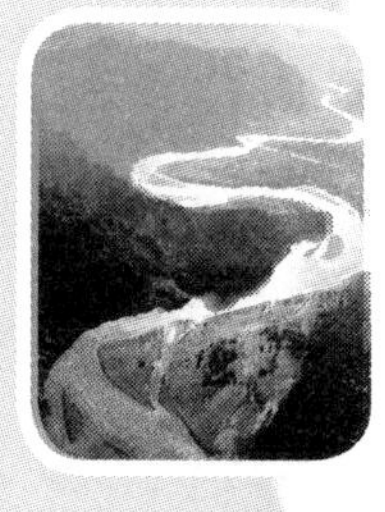

The Great Wall is one of the most well-known anthropological spectacles in China. Construction of the Great Wall (长城, Chángchéng) began more than 2,200 years ago. It is one of the architectural wonders of the ancient world. There are numerous stretches where several walls run parallel to each other. It is more than six thousand kilometres or more than twelve thousand *li* long, so the Great Wall is often referred to as the *wanli changcheng* or the "Long Wall of Ten Thousand *Li*".

附录 Appendices

中华人民共和国地图
Map of China

政区版

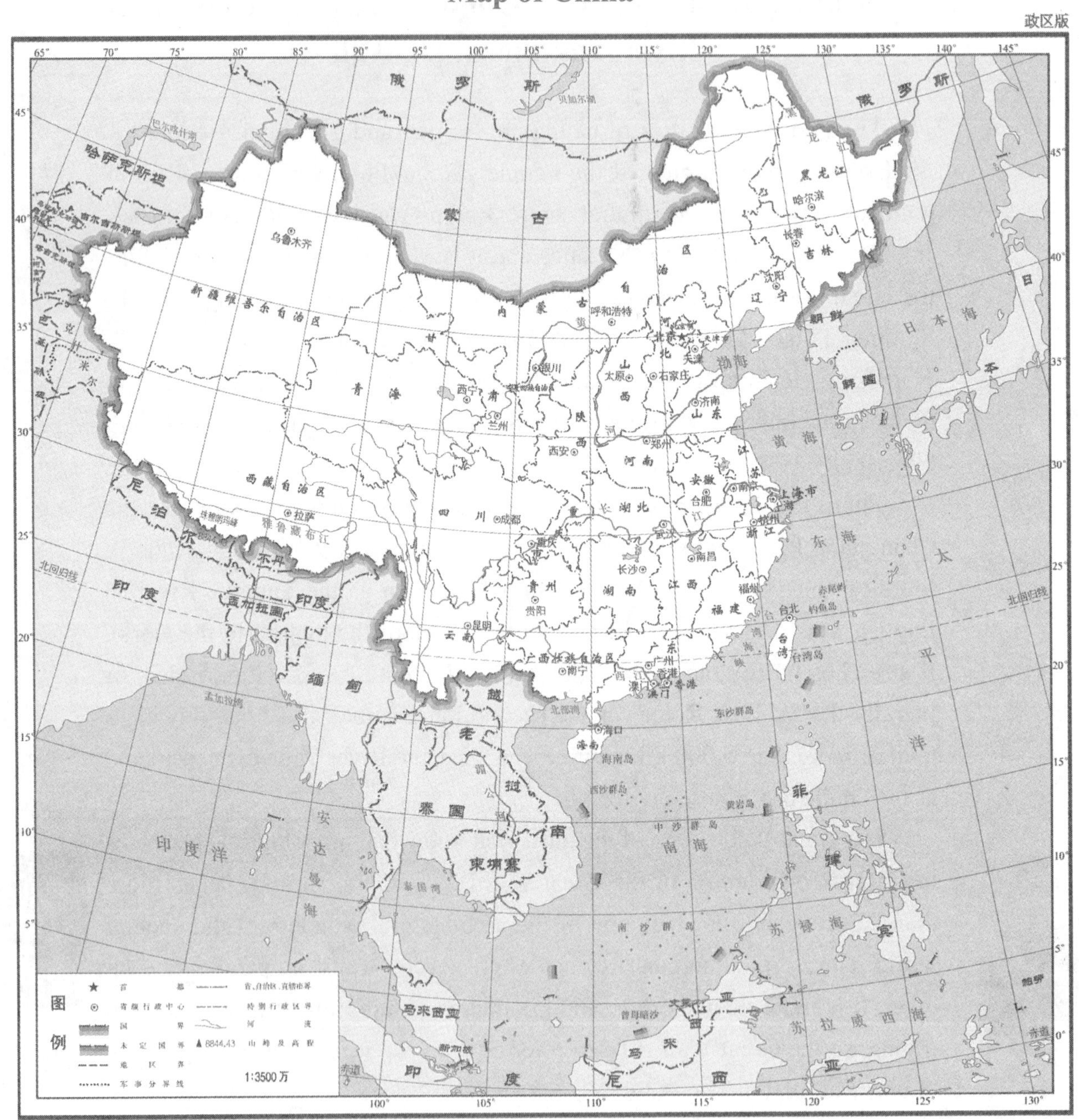

审图号：GS(2006)2110号

国家测绘局制

语法术语缩略形式一览表
Abbreviations for Grammar Terms

Abbreviation	Grammar Terms in English	Grammar Terms in Chinese	Grammar Terms in *pinyin*
A	Adjective	形容词	xíngróngcí
Adv	Adverb	副词	fùcí
AsPt	Aspect Particle	动态助词	dòngtài zhùcí
Conj	Conjunction	连词	liáncí
IE	Idiom Expression	习惯用语	xíguàn yòngyǔ
Int	Interjection	叹词	tàncí
M	Measure Word	量词	liàngcí
MdPt	Modal Particle	语气助词	yǔqì zhùcí
N	Noun	名词	míngcí
NP	Noun Phrase	名词词组	míngcí cízǔ
Nu	Numerals	数词	shùcí
O	Object	宾语	bīnyǔ
Ono	Onomatopoeia	象声词	xiàngshēngcí
OpV	Optative Verb	能愿动词	néngyuàn dòngcí
PN	Proper Noun	专有名词	zhuānyǒu míngcí
Pr	Pronoun	代词	dàicí
Pref	Prefix	词头	cítóu
Prep	Preposition	介词	jiècí
Pt	Particle	助词	zhùcí
PW	Place Word	地点词	dìdiǎncí
QPr	Question Pronoun	疑问代词	yíwèn dàicí
QPt	Question Particle	疑问助词	yíwèn zhùcí
S	Subject	主语	zhǔyǔ
StPt	Structural Particle	结构助词	jiégòu zhùcí
Suf	Suffix	词尾	cíwěi
TW	Time Word	时间词	shíjiāncí
V	Verb	动词	dòngcí
VC	Verb plus Complement	动补式动词	dòngbǔshì dòngcí
VO	Verb plus Object	动宾式动词	dòngbīnshì dòngcí
VP	Verbal Phrase	动词词组	dòngcí cízǔ

生词索引
Vocabulary Index

D

打	V	dǎ	6
打的*	VO	dǎdī	11
打电话	V O	dǎ diànhuà	13
打工	V	dǎgōng	14
打球	V O	dǎ qiú	6
打扫	V	dǎsǎo	14
打针*	VO	dǎzhēn	12
大	A	dà	8, 9
大便*	N	dàbiàn	12
蛋	N	dàn	9
蛋糕	N	dàngāo	9
当然	Adv	dāngrán	8
到	V	dào	11
得	V	dé	13
德国*	PN	Déguó	4
德语*	N	Déyǔ	11
的	StPt	de	4
等	V	děng	13
弟弟	N	dìdi	2
点(钟)	M	diǎn(zhōng)	11
电	N	diàn	13
电话	N	diànhuà	13
电脑*	N	diànnǎo	8
电视*	N	diànshì	14
电影	N	diànyǐng	13
丁	PN	Dīng	2
东西	N	dōngxi	11
都	Adv	dōu	2
肚子*	N	dùzi	12
锻炼	V	duànliàn	12
对	A	duì	14
对不起	IE	duìbuqǐ	5
多	Adv	duō	9
	A	duō	8
多大	IE	duō dà	9
多少	IE	duōshao	8

E

俄罗斯*	PN	Éluósī	4
俄语*	N	Éyǔ	11
儿子*	N	érzi	9
二	Nu	èr	5

F

发烧	VO	fāshāo	12
发炎	VO	fāyán	12
法国*	PN	Fǎguó	4
法语*	N	Fǎyǔ	11
饭	N	fàn	13
方便*	A	fāngbiàn	13
房子	N	fángzi	13
房租	N	fángzū	13
分	M	fēn	11
分(钱)	M	fēn(qián)	10
份*	M	fèn	10
复活节*	PN	Fùhuó Jié	14
复习	V	fùxí	14

G

该	OpV	gāi	11
感冒	V/N	gǎnmào	12
刚才	Adv	gāngcái	14

高	A	gāo	4
高兴	A	gāoxìng	4
糕	N	gāo	9
告诉	V	gàosu	13
哥哥	N	gēge	2
个	M	gè	8
给	V	gěi	10
	Prep	gěi	12
跟	Prep/V	gēn	10
工程师*	N	gōngchéngshī	8
工作	V/N	gōngzuò	8
公司	N	gōngsī	13
公园*	N	gōngyuán	10
狗	N	gǒu	8
姑娘	N	gūniang	13
挂号	V	guàhào	12
光盘	N	guāngpán	10
贵	A	guì	10
贵姓	IE	guìxìng	4
国	N	guó	3
过	V	guò	9

H

还	Adv	hái	8, 11
还是	Conj	háishi	12
孩子*	N	háizi	8
汉堡*	N	hànbǎo	9
汉语	N	Hànyǔ	4
汉字	N	Hànzì	11
好	A	hǎo	1, 5
号	N	hào	5, 9
喝	V	hē	2
合适*	A	héshì	13
和	Conj	hé	8
很	Adv	hěn	1
红	A	hóng	9
红葡萄酒		hóng pútaojiǔ	9
化学*	N	huàxué	7
化验*	V	huàyàn	12
回	V	huí	11
回答*	V	huídá	11
回信*	N/VO	huíxìn	13
会	N	huì	9
	OpV	huì	11

J

几	QPr	jǐ	8
记者	N	jìzhě	4
寄	V	jì	14
加拿大	PN	Jiānádà	4
家	N	jiā	8
家美	PN	Jiāměi	13
间	M	jiān	13
件	M	jiàn	13
教	V	jiāo	11
叫	V	jiào	4
教授	N	jiàoshòu	7
教育*	N	jiàoyù	7
节	N	jié	14
姐姐	N	jiějie	8
介绍	V	jièshào	7
斤	M	jīn	10
今年	N	jīnnián	9
今天	N	jīntiān	6

卖*	V	mài	10
忙	A	máng	2
毛(钱)	M	máo(qián)	10
没	Adv	méi	8
没关系	IE	méi guānxi	5
每	Pr	měi	12
美	A	měi	7
美国	PN	Měiguó	4
美术	N	měishù	7
妹妹	N	mèimei	8
们	Suf	men	2
米饭*	N	mǐfàn	9
面	N	miàn	9
面包*	N	miànbāo	9
名片	N	míngpiàn	7
名字	N	míngzi	7
明天	N	míngtiān	6

N

哪	QPr	nǎ	3
哪儿	QPr	nǎr	5
哪里	IE	nǎli	11
那	Pr	nà	3
那儿	Pr	nàr	10
奶奶	N	nǎinai	3
男	A	nán	2
南方	N	nánfāng	14
难*	A	nán	11
呢	QPt	ne	1
能	OpV	néng	11
你	Pr	nǐ	1
你们	Pr	nǐmen	6
年	N	nián	9
念	V	niàn	14
您	Pr	nín	3
牛奶*	N	niúnǎi	9
女	A	nǚ	5
女儿*	N	nǚ'ér	9
女儿	N	nǚ'ér	11

O

欧洲	PN	Ōuzhōu	14

P

朋友	N	péngyou	2
啤酒*	N	píjiǔ	9
便宜*	A	piányi	10
漂亮	A	piàoliang	9
苹果	N	píngguǒ	10
瓶	M	píng	9
葡萄	N	pútao	10

Q

起	V	qǐ	11
起床	VO	qǐchuáng	11
钱	N	qián	10
巧*	A	qiǎo	13
晴*	A	qíng	14
请	V	qǐng	4
请问	V	qǐngwèn	4
球	N	qiú	6

孙女儿	N	sūnnǚr	11

T

他	Pr	tā	2
他们	Pr	tāmen	2
她	Pr	tā	3
太	Adv	tài	6
套	M	tào	13
疼	A	téng	12
体育馆*	N	tǐyùguǎn	10
天	N	tiān	6
天气	N	tiānqì	6
跳舞*	V	tiàowǔ	11
听	V	tīng	13
听说	V	tīngshuō	13
头	N	tóu	12

W

外公*	N	wàigōng	8
外国	N	wàiguó	8
外婆	N	wàipó	3
外语	N	wàiyǔ	3
玩儿	V	wánr	11
晚	A	wǎn	5, 11
晚上*	N	wǎnshang	9
晚上	N	wǎnshang	11
王小云	PN	Wáng Xiǎoyún	5
为	Prep	wèi	11
为什么	QPr	wèishénme	11
位	M	wèi	13
喂	Int	wèi	13
文化*	N	wénhuà	7
文学	N	wénxué	7
问	V	wèn	4
问题	N	wèntí	11
我	Pr	wǒ	1
我们	Pr	wǒmen	2
卧室*	N	wòshì	13
物理*	N	wùlǐ	7

X

西	N	xī	12
西药	N	xīyào	12
吸烟*	V	xīyān	11
洗	V	xǐ	14
喜欢	V	xǐhuan	8
系	N	xì	7
下	N	xià	9
下课*	V	xiàkè	11
下午	N	xiàwǔ	9
先生	N	xiānsheng	4
现在	N	xiànzài	6
香蕉	N	xiāngjiāo	10
香蕉苹果		xiāngjiāo píngguǒ	10
想	V/OpV	xiǎng	12, 14
小	A	xiǎo	8
小便*	N	xiǎobiàn	12
小姐	N	xiǎojiě	5
写	V	xiě	11
血*	N	xiě	12
谢谢	V	xièxie	5

找	V	zhǎo	13
找(钱)	V	zhǎo(qián)	10
照片	N	zhàopiàn	8
哲学*	N	zhéxué	7
这	Pr	zhè	3
这儿	Pr	zhèr	5
真	A/ Adv	zhēn	8
整理*	V	zhěnglǐ	14
支*	M	zhī	10
知道	V	zhīdào	5
中国	PN	Zhōngguó	3
中文	N	Zhōngwén	7
中午*	N	zhōngwǔ	12
中午	N	zhōngwǔ	14
中学	N	zhōngxué	14
中药	N	zhōngyào	12
助教*	N	zhùjiào	8
住	V	zhù	14
住院	VO	zhùyuàn	12
祝	V	zhù	9
祝贺	V	zhùhè	9
专业	N	zhuānyè	7
字	N	zì	11
租	V	zū	13
昨天	N	zuótiān	6
作家*	N	zuòjiā	10
坐	V	zuò	5
做	V	zuò	8, 10